I0709878

# LA GRANDE MUTANTE

Simon Ngaka

## DU MÊME AUTEUR

- Destins liés, ISBN-13 : 978-1706555117

- Prisonniers de l'informel : Vivre au jour le jour, ISBN-13 : 979-8684999666

- L'histoire de Léa na Mundo : La ville de Douala en parle encore, ISBN : 979-8834606802

Simon Ngaka

Simon Ngaka

# La Grande Mutante
## De la ruée vers l'hymen à la décrue

Simon Ngaka

# Saimondy

ISBN-13: 9798340585318
ISBN-10:

Cover design by: Saimondy
Library of Congress Control Number: 2018675309
Printed in the United States of America



**Marque éditoriale :** Saimondy
Dépôt légal : septembre 2024
Infographie : Saimondy

Simon Ngaka

Merci à ma famille dont les pensées tournées vers elle me donnent chaque jour la force d'avancer et de réaliser mes rêves.

Jengué

Enyenguè

Savanah Jengué

Stéphane Doumbè

Manuella Nkolo

Mireille Bellè

Simon Ngaka

# Table des matières

Simon Ngaka

# LA RUÉE VERS L'HYMEN

Il était une fois la Matrice… Pratiquement épargnée du monde des tensions et des frustrations, dense, unique et originale, avec d'authentiques charmes à couper le souffle. Elle arpentait matin et soir ses forêts, plaines et plages, heureuse dans ce bout du monde où Nyambi Nyassamè nya Ngum, l'Éternel Très Haut Tout-Puissant, le dieu de ses ancêtres, a bien voulu établir ses origines, dans ce jardin paradisiaque riche d'une faune et d'une flore incommensurables. Aucune autre région de la terre n'est aussi vaste, riche et généreuse que la sienne. Elle est l'élue, la choisie, la bénie, la génitrice, la Matrice, la Mère de l'Humanité. Or la rencontre avec l'autre va faire de la Matrice une Mutante à travers des siècles, car ses richesses multiformes avaient fini par puissamment attirer les aventuriers au goût du mystère, du lucre, de la découverte et de l'exotisme. Malheureusement aussi, les pervers et les refoulés des contrées très lointaines.

Lorsque ces derniers parlaient d'elle, ils en parlaient avec des mots qui travestissaient la réalité ou l'exagéraient parce qu'ils ne la connaissaient pas. On l'ignorait, alors on l'imaginait. On se l'inventait même. Par conséquent, tous les attributs et les qualificatifs utilisés ne cadraient point avec sa réalité intrinsèque. C'était toujours avec grossièreté et des couleurs qui lui allaient plus ou moins mal qu'on la peignait. Un narratif fut cependant récurrent chez les frustrés : elle était naïve, sauvage et barbare, avec des charmes non exploités ; une petite sirène à peine sortie de sa puberté culturelle, regorgeant des bois d'ébène aussi sauvages qu'elle-même. Et en de pareilles occasions, on en profite, conclurent-ils alors. Dans tous les sens du mot, il fallait la prendre, la pénétrer, la posséder, la déposséder de son assurance, l'avoir intimement, la goûter, la sentir, la humer, jouer auprès d'elle les galants pour se faire remarquer. Surtout les mignons pour la séduire, et qui sait un jour, jouer auprès d'elle le mari jaloux avant de se faire cocufier par le premier compatriote.

Tous ont eu cette idée à un moment donné de leur périple matriciel, qu'il fallait se défouler sur elle, jouir en elle et sur elle de toutes les perversions inavouées. Quitter un temps la neige pour se dorer au plus beau soleil du monde en libérant sa libido.

Très rapidement, y trouver son bonheur devint la seule raison de vivre pour la grande majorité de ces étrangers. Dès le retour de leurs premiers aventuriers, une fois que chacun eut vent de son existence et de sa générosité, la conquérir devint l'exercice favori de leur civilisation.

Leurs explorateurs ayant entendu parler de l'immensité de ses charmes se jetèrent dans une frénétique concurrence pour supplanter les aventuriers. Il fallait directement profiter de ses divines prairies, de ses offrandes intarissables, de son physique à faire une fois de plus chuter les anges du ciel à la terre, de la richesse de sa faune et de sa flore. C'est ainsi que ces enfants du monde des tensions et des frustrations se mirent à se faire de coups bas, chacun voulant être le seul à se lover et à se dorer à jamais sous le soleil éternel de la déesse à la peau d'ébène.

C'est aussi ainsi que les tensions laissées chez eux refirent surface en perturbant la quiétude de la belle femme généreuse étonnée de cette cupidité et cet égoïsme prononcés. Elle essaya pourtant de leur faire comprendre avoir des richesses suffisantes pour tous si chacun ne prend que du nécessaire pour la vie et le bonheur terrestre, voire indispensable, comme font ses enfants et elle depuis des millénaires. Mais en vain !

Dans le compte rendu de leurs périples fait à leur peuple, très vite les explorateurs la sous-estimèrent avec dessein. Peut-être avaient-ils craint de la reconnaître humaine parmi les humains ? Ou alors ne présentait-elle pas pour eux le moindre intérêt dans l'histoire de la terre des Humains ? On pourrait penser qu'elle n'avait pas grand-chose de ce qu'ils ont appelé « modernisation » et c'est tout logiquement qu'elle ne puisse faire partie de leur civilisation dite « polie » de monde policé et de bonne morale prononcée. Les chances d'en faire partie étaient bien minces, car dans ces comptes rendus, elle était la sauvage, le comble du retard dans l'évolution de l'humanité, une attardée psychologiquement, matériellement, techniquement, technologiquement, etc. « Le fagot de l'homme blanc ».

Selon leur standard de vie, elle n'était ni intellectuelle ni éduquée. Aussi se reprenaient-ils à chaque fois dans un sursaut d'orgueil d'en faire une des leurs car pour en faire partie, il faut être fier de sa personne, orgueilleux de sa race. Surtout croire en la supériorité de celle-ci sur toutes les autres. Il faut être de peau la moins foncée possible, de race aryenne. Pourquoi pas des yeux bleus en bonus. Non, le « Créateur » a juste bien voulu mettre sur leur chemin cette inconnue de race inférieure pour amuser la galerie occidentale et chrétienne. Les caucasiens et aryens sont les seuls êtres humains à part entière comptant vraiment aux yeux des dieux, suffisants et inégalés. Le tout-venant, toute autre race que la leur est sans grand intérêt pour leur grande et fière humanité.

En vérité, en ces années de pétantes illusions  intellectualistes, leur continent fut un cercle fermé semblable aux forts militaires limitant jadis les bourgs d'où l'on est ignorant des us et des coutumes venus d'ailleurs. Ce qui est hors des murs leur est inconnu, ignoré sciemment ou non. Disons négligé parce que jugé malpropre au sens propre et au figuré par des intellectuels soucieux de conserver leur classe sociale, étiqueté barbare et sauvage par ceux qui ont seuls le droit de dire l'ordre, la mesure et les poids.

En conclusion, cette femme aurait tous les torts et raisons de la planète pour ne pas faire partie de leur monde. Ils rapportaient qu'elle vit à des milliers de kilomètres de leur civilisation, engoncée dans le recul de son temps, vivant sur les arbres comme des singes et errant comme des zombies dans des plaines et des forêts sauvages. Que son seul mode de transmission orale de la pensée est une salve d'onomatopées sortant de sa bouche lippue au-dessus de laquelle sont fixés deux yeux bien blancs qui vous observent dans une carapace toute noire comme du jais.

Pour étayer leur dire, ils refusèrent même de rapporter ses réalisations techniques, nièrent ses prouesses en médecine, ses découvertes en astrologie. Ils dénigrèrent ses connaissances en climatologie, son mode de transmission de faits historiques de génération en génération. Ils nièrent l'existence de ses écoles et universités et son mode de vie basé sur une pensée philosophique bien élaborée sur la non-violence et le refus de la contre-nature. Ainsi que la gestion équilibrée et moderne de ses cités qui, à leur arrivée, tenaient déjà d'une existence millénaire sans déséquilibre entre l'homme, la faune, la flore et la nature.

Seulement, dans leur besoin existentiel de classification de races, ils la peignirent comme allant et venant toute nue, les seins droits debout, les cheveux en racines d'arbre. Néfertiti, les Pharaons d'Égypte, de la Nubie, d'Assouan, les rois du Kongo ou de Dahomey, Musa Musa, ne connaissaient donc pas les parfums, la lavande et n'avaient de tisserand pour broder leurs vêtements de fil d'or. En fait, ils ne commerçaient pas. D'ailleurs, comment se sont-ils constitués en royaume avec rois, notables et ouvriers, sans aucune organisation et en vivant sur des arbres ?

C'est le portrait aux énormités que ceux qui pourtant mouraient d'envie de dormir dans sa couche peignirent à leurs propres concitoyens crédules et incultes. Aux leurs encore ignorants ou parfois complices de la falsification de la réalité, dont ils savaient titiller la fibre de la fierté raciale.

Ils s'interdirent aussi de croire, surtout de publier, que cette « créature » comme ils la nommaient, était aussi humaine qu'eux, ne vivant juste qu'en marge de leur civilisation. Qu'elle est juste concentrée sur elle-même, épargnée de la psychose de la nouvelle manière de vivre la vie sur terre. Ils avaient trouvé chez elle des constructions, des écoles, des universités, des papyrus, des hiéroglyphes, des pyramides, des empires, des transmissions élaborées de la pensée, des fables et des écritures. Mais ça il ne fallait pas en parler.

D'ailleurs dans un passé non lointain, ils burent la honte en cassant le nez des statues géantes des pharaons faites à l'aide de techniques complexes, et confisquèrent des artefacts dont ils n'avaient jamais eu idée de créer. Mais nous y reviendrons un jour.

*****

Avec l'idée malsaine ayant germé dans leurs esprits pervers dès le début de la rencontre, d'abord, ils la craignirent, ensuite l'étudièrent à distance et de près, à travers des lunettes d'observation ou avec leurs yeux nus grands ouverts. Ils la scrutèrent pendant un long moment, l'espionnèrent même pour en savoir plus sur elle, avoir des informations, suffisamment de renseignements, pour savoir des choses avant le pas décisif. Après s'être rassurés qu'elle n'avait pas le bâton qui crache la mort à distance, ni poudre ni canon pour tuer en masse, la tension qui brûlait augmenta en eux le degré de leur cupidité maladive. Celui-ci à son tour, fit baisser la méfiance. Du jour au lendemain, la civilisation de la race dite supérieure, mais jalouse, envieuse et haineuse, se rua sans ménagement et sans vergogne vers celle de la race jugée inférieure. La ruée vers l'hymen avait commencé… Il y eut alors un jour et une nuit.

*****

Qui eut l'idée si arrêtée, si perverse, de laisser courir ses pulsions vers cette saine personne « encore très naïve », une jugée « immature », la mineure du monde dit « moderne » ?

Les premiers à vraiment l'approcher se présentèrent en passants. Ce n'étaient que des aventuriers du mieux-être qui devinrent bien rapidement des explorateurs amoureux de la belle et de ses sciences. Cependant, de curieux explorateurs n'est-ce pas ? Ayant vite pris goût à sa gentillesse. Une horde de pionniers prenant d'assaut fleuves et déserts, pénétrant mangroves et arpentant des marais dans le but de saisir les traits saillants et insoupçonnés jamais conçus par la nature.

Or le tableau dépeint aux leurs par ceux qui disaient juste passer était si beau, les souvenirs des intrépides ayant laissé des sueurs dans ces forêts denses si gaies. La narration de ceux qui avaient osé aller vers l'inconnue si captivante. Même les plus fiers de cette race eurent envie de se bouger, d'aller vers cette belle inconnue pour aussi la découvrir et d'en juger par eux-mêmes.

Mais une fois rassurés par sa non-dangerosité, de son caractère inoffensif et réservé, de sa nature non belliqueuse, ils se sont demandé pourquoi ne pas goûter à sa chair fraîche. Non plus seulement la contourner ou l'observer à distance, mais se l'expliquer de l'intérieur, maîtriser ses saveurs et ses parfums, son goût et ses goûts. Pourquoi ne pas sonder ses traits intérieurs, la toucher, batifoler avec elle, refuser de continuer à être de simples épieurs, de lâches voyeurs hypnotisés par ses charmes.

Frustrés et très vicieux, les fiers de leur race ayant pris à leur tour la route des eaux se rendirent vite compte à leur arrivée que la « négligée » se révèle être plutôt la bouée de sauvetage de leur monde chancelant. Une bouée de sauvetage longtemps espérée, mais sous-estimée à dessein par ceux qui voulaient la confisquer pour eux tout seuls ; une possibilité de réaliser leur fantasme, de voir des rêves de réaliser, un « El Dorado » pour leur société en voie d'éclatement et de noyade à cause d'un climat rachitique doublée d'une surpopulation viciée par trop de perversités contre-nature. Ils venaient de découvrir un paradis où le surmoi aryen fermerait tout de même un œil afin que l'âme et la chair de la race dite évoluée, pour une fois, s'expriment librement. Afin qu'elle fasse exploser loin de la terre dite « morale », les pulsions animales tapies tout au fond de son ADN. Ces secrets que l'on craint de savoir sur soi-même pouvaient bien exploser chez celle chez qui n'existerait aucune nature autre que le ça.

****

La nouvelle s'était répandue, on le dit souvent, comme une traînée de poudre. Toute oreille de la civilisation dite policée fut mise au courant de la grande découverte. Une nouvelle bonne et intrigante. D'une oreille à l'autre, la même information circula, la même question fusa de toutes lèvres dubitatives. D'une rue à l'autre, on se regroupa pour en parler. Dans les églises et aux marchés, chez le coiffeur comme chez la coiffeuse, chez la putain à qui l'on devait un règlement comme chez sa maîtresse à qui l'on racontait ses aventures ou promettait un caillou au retour. Est-ce vrai qu'elle est toute noire ? Toute « nue » ? Avec beaucoup de charmes ? Son or et ses pierres précieuses, de véritables perles ? Ses côtes sont-elles vraiment serties d'or et de diamants ? Y mange-t-on à volonté comme cela se raconte ? Confirme-t-on qu'on y rencontre toutes les espèces animales et végétales ? Est-ce le paradis des anges ? Le séjour des dieux ? On entend dire que c'est le séjour du soleil et l'origine du monde. Serait-ce donc la Matrice ?

Ceux qui retournaient au pays après des mois « d'aventures » inouïes n'avaient à raconter qu'elle. Leurs écrivains non plus n'étaient en reste en ne s'inspirant plus que d'elle. Leurs diseurs de bonnes nouvelles s'y étaient également mis pieds et poings liés en prêchant pour le salut de son âme tandis que les opportunistes frustrés et ambitieux voyaient en elle la nouvelle égérie des affaires : une « vierge » que beaucoup aimeraient prendre de tout repos. Entre paradis et ensorcellement, chacun pouvaient choisir son style d'affaires.

Seulement, dans toutes sociétés, à toute époque et en tout humain, existe le vouloir vivre aisé, mieux, riche de tout, comme une irascible quête du bonheur qui fait tendre au plus être par tous les moyens. Pour les opportunistes, l'inconnue était clairement une source de pouvoir, une force réelle à actualiser en employant à bon escient ses vertus, en jouant savamment les proxénètes à ses côtés. En y mettant de son génie et du malin, l'on parviendrait peut-être à l'ivresse du pouvoir… Car ce qu'elle offre est tout simplement immense : la superficie de ses terres, la qualité de ses avoirs, l'étendue de ses dons, ses capacités et les possibilités insoupçonnées de sa puissance physique sont à tous points uniques.

Il faut être fou ou bonnement idiot dans le monde des opportunistes pour ne pas voir derrière ces nouvelles qui s'amoncellent et font la Une de toutes les étables une excitante occasion d'être le maître du monde.

Ils vinrent donc dans cette ruée vers l'hyménée, tous ceux qui eurent un moyen quelconque de se jeter à l'eau. Pouvant prendre la mer, aller de l'autre côté de la grande mer caresser quelque chose de nouveau comme une nouvelle faune. Sentir une nouvelle flore, puiser le lait vaginal de la prospérité dans le sein de la matrice. Non seulement puiser, mais aussi fouiller, tâter et posséder, encore plus déposséder, dépouiller… Tous ceux étant de « sexe fort » par la puissance létale et la ruse, de nature vicieuse. Comme ces docteurs de la foi à la langue fourchue, délaissèrent femmes et enfants, boulots et pays d'enfance pour un peu de soleil éternel auprès de l'inconnue.

C'est ainsi qu'il fut une fois, une femme toute belle, mais n'ayant pas la maîtrise des pratiques innommables de cette civilisation étrangère venant à elle oublia la théorie du danger. Elle ignorait pourtant tous les rouages de leur vie qualifiée à tort ou à raison de moderne. Elle était habituée à vivre en marge de tout artifice du quotidien et de fausses apparences, du vernis et de toutes prétentions burlesques. Son vécu était loin de celui de la soit dite

« bonne société ». Elle n'avait aucune envie de renvoyer ces lointains voisins devenus d'un coup si proches sans présenter une véritable nécessité de leur présence sur ses terres. Elle se retrouva brusquement au milieu de la pensée mondiale. En un laps de temps, la belle, naïve et gentille petite inconnue devint le fantasme le plus fou de tous ceux qui ont le feu libidinal, la nature commerçante et l'envie de pouvoir. Néanmoins, elle ne fut aucunement attirée par les velléités de leur monde, pas envieuse de leur race.

Combien sont-ils à avoir souillé son sol de leur semence dès la première rencontre, devant ses riches immensités géologiques, à la seule vue de son sein intarissable en lait vivifiant ? Combien se sont masturbés les méninges après ce premier contact ?

L'histoire nous apprend qu'elle fut violée et torturée de multiples fois sans ménagement par ces prétendus « civilisés ». Après des années d'actions multiformes de leurs barbaries sur elle, les plus vicieux la clouèrent carrément au pilori. Ces derniers enchaînèrent sa vigueur comme on fait d'une bête féroce, capturant au passage quelques-uns de ses enfants à ramener de force chez eux comme preuves de leurs récits et objets de sciences. Ils exposeront certains dans des galeries « noires », ou dans des zoos avec des animaux et livreront d'autres encore à la médecine et en pâture aux curieux.

Quelqu'un eut alors l'idée un jour de faire payer pour voir « le sauvage » dans un zoo ou dans une galerie, pour goûter à la sauvage ou à un vrai mâle sauvage dompté. Certains se proposèrent même d'acheter carrément sa « créature noire » bien vivante comme jouet pour ses enfants, ensuite comme épouvantail pour sa maison ou ses champs. Alors ils en ramenèrent de plus en plus.

Puis un jour un autre eut l'idée de lui apprendre des rudiments de la tenue d'un ménage à faire. Il semble bien d'une intelligence légèrement supérieure à celle du singe et du gorille. D'ailleurs son pouce avait muté vers celui de la race des humains avec la préhension confirmée. Il serait plus long que celui du singe permettant à chacun de ses doigts de le toucher. Il peut pincer et saisir,  donc il pouvait faire des travaux purement techniques réservés aux humains avec une petite formation. Rapidement beaucoup en avaient mis dans leur lit.

Devant le succès des premiers ramenés de force chez eux pour effectuer des travaux ménagers et champêtres, ils se mirent donc à déporter massivement « ses bras » qu'ils vendirent à l'encan. Ainsi que des produits de son sol, martelant son crâne de coups d'aliénation pour la soumettre à jamais au viol et au vol.

Pour étancher sa soif et sa faim de paix, on lui « offrit » un choix : boire la ciguë ou s'abreuver en esclave. Comme l'on achète un miroir au marché ou obtient un bibelot à bon prix, le sexe qui se voyait le plus fort par la puissance létale ainsi obtint-il à vil prix son bois d'ébène. De même que ses plantations de canne à sucre et de cacao. Et ceci dans diverses régions du monde, jusqu'aux pays des aborigènes qu'ils baptisèrent de force par leur nom.

L'on captura. Ce fut le verbe utilisé, l'expression consacrée. Sans son consentement, ils la prirent de force au moment où elle croyait encore en une once d'humanité en ceux qu'elle juge être ses semblables. Seulement ces nouveaux venus fouillaient, bêchaient, creusaient de manière effrénée partout chez elle, se servant sans vergogne dans ses greniers en s'empiffrant à tout vent sur son dos. Ceci en accord et complicité avec ceux de leur civilisation s'étant pourtant présentés les premiers jours en êtres gentils, intelligents, avec des qualités morales élevées, et craignant Dieu.

Durant plus de quatre cents ans après la rencontre du premier jour, l'on put entendre ses fils et filles racler dans les cales négrières. Parcourant les eaux du monde entier, voir ses bois d'ébène se nourrir de leur déjection dans des trous servant à tuer leur amour-propre et leurs révoltes. Quatre siècles sans aucun respect de la personne de la Matrice, au cours desquels aucune nature humaine ne lui fut reconnue. Ni à elle ni à ses enfants. Personne ne l'accepta dans la tribu des humains. Surtout pas ceux qui tout le temps se sont vautrés dans son lit la nuit. Ils restaient tout simplement pour eux un bel objet utile de réjouissance, d'enrichissement, de puissance et de jouissance. Une chose rentable coincée entre l'animal selon leur vision de la différence morphologique qui arrangerait bien leur race.

Jours et nuits, des siècles durant, l'étranger lui vola sans cesse tout ce qui lui est utile : les produits de son sous-sol, la beauté de ses vallées, les fruits de ses forêts, de ses mers et de plages d'où elle se ressource heureuse depuis la venue de l'Humain sur terre. En vrai vampire aussi, l'étranger suça son sang. En cannibale, il la chassa pour se nourrir de sa chair fraîche et tendre. Leurs extrémistes suprématistes se concertèrent même pour trafiquer ses ossements à sa mort prochaine. Ils l'avaient très rapidement fait passer sous le regard indifférent des autres humains de la terre du statut de mère libre à celui d'esclave battue et enchaînée. Une esclave négligée, mais toujours violée, extorquée, escroquée, confisquée, obligée de satisfaire tous les petits désirs et tous les péchés mignons de ses maîtres. Une panoplie de vicieux amants et de diaboliques pervers qui malgré le temps ne s'en lassent toujours pas.

*****

Les épicuriens « intellectualistes » du « monde des civilisés » s'étaient donnés pour mission de justifier ce qui se passe dans cette partie du monde, d'amoindrir le fait que des milliers de bois d'ébène meurent à chaque traversée avant même d'arriver à destination. De même que de minimiser le génocide, le fait que toute une race soit sur le point d'être effacée de la surface de la terre par des mercantilistes caucasiens et aryens. Dans leur plan, il fallait convaincre le monde agir pour une cause noble, d'avoir reçu une mission divine, civilisatrice. Que leurs actions étaient au profit de cette race sans culture et sans pensée. Convaincre le peuple avide de belle vie que du sein de la belle inconnue dépend l'enrichissement de leurs régions et la suprématie de leur race. Omettant cependant expressément de dire qu'ils font une guerre brutale à la belle dame pour lui arracher ses gosses et son bien.

****

Après des décennies de servitude, alors que l'inconnue est physiquement toute découverte, violée, volée, voilée, dépossédée de ses terres, de ses perles, de son or et de son diamant, sa progéniture et elle, sont officiellement rendus esclaves. Les produits de son sol et de son sous-sol, ceux de ses mers et de son ciel, ses bras et cerveaux de ses fils et filles, devenaient également un butin.

Le justificatif de cet abominable crime contre elle reste pourtant inconnu. On avait sûrement jalousé la belle dame à la peau d'ébène parce que de tous, elle est celle qui a obtenu la terre où coule le lait et le miel en abondance, et quia  en plus, quatre saisons fructueuses de récoltes riches et variées contrairement à partout ailleurs où il reste difficile d'en avoir deux.

*****

Les humains ont presque tous la maladresse de la première rencontre. Surtout lorsqu'ils s'invitent sans aucun consentement dans une vie qui n'est point la leur. Là, soudain se pointe le prétendant inattendu, celui qui va profondément changer votre vie, ou la sienne en se servant de la vôtre. Une maladresse totale pour ainsi qualifier de sales manies les actions étalées sous le soleil par un inconnu venant s'imposer dans votre quotidien. En fait, le nouveau venu n'était qu'un prétendant mal prévenant ayant en tête ce qu'ont tous les machos attirés par la femme fragile : la posséder en violant son intimité pour s'en enorgueillir bien après.

Il faut pourtant dire pour le marquer que ce fut une catastrophe dès la première rencontre entre ce Caucasien et le Peul, comme avec le Muntu, le Sahélien ou le Soudanais. Cependant, la Matrice avait fait des expéditions scientifiques vers d'autres peuples sans jamais essayer de changer l'ordre naturel des sociétés visitées. Son ADN se retrouve aussi bien aux Amériques qu'en Asie, chez les Mayas comme chez les noirs d'Arabie, aux Indes et en Australie. Seulement qu'ici, on ne venait pas vers elle lui offrir son amour en retour, non, mais plutôt quelque chose plein de haines inavouées. Ils avaient une vision à expérimenter : un peu comme une occasion de changer d'hymen en changeant d'air, à l'instar de ces amateurs de plage qui passent tout l'été à se dorer au soleil. Mais cette fois-ci sans craindre l'hiver.

En plus, ce premier contact n'a été une réussite que pour ceux ayant eu à bénéficier vicieusement de l'effet surprise, tout le temps que l'autre fut encore ignorant de leur nature intrinsèque : pratiques culturelles contre-nature et ADN misanthropique. Elle avait cru en l'humain, sans aucune appréhension sur la différence raciale et morphologique. Tout étranger a droit à son sourire, à un peu d'eau pour s'altérer, un bol de couscous, une place dans son cœur et dans sa maison, comme le commandent ses us et coutumes millénaires. Avait-elle ainsi créé inconsciemment des rivalités entre ses courtisans et prétendants ? Leur aurait-elle ainsi donné espoir à travers sa nature et son caractère généreux ? N'était-elle pas tout simplement accueillante et généreuse ?

Le récit de l'histoire de sa vie nous apprend que les rivalités se sont installées une fois « passants », explorateurs, affairistes, prétendants et rusés se sont retrouvés un même soir dans sa couche. Les tensions furent bien palpables tout le temps, avant, pendant ou après la traite de son bois d'ébène qui dura, oui, il est important de ne cesser de le rappeler, plus de cinq cents années. Et continua des décennies encore de manière officieuse, insidieuse, entendue ou maligne après avoir officiellement été abolie.

Des jalousies et des coups bas s'étaient installés. Des étrangers toujours plus nombreux, ayant quitté femmes et enfants, se rivalisaient grotesquement aux pieds de la « sauvage » déjà faite esclave à cause de ses ressources et ses richesses. Chacun prétextait être celui-là même que le Créateur Dieu-Tout-Puissant envoya auprès d'elle l'assujettir pour son salut. Qui pour la protéger, qui pour la tronquer, qui pour l'instruire sur le modèle occidental. Qui d'autre pour lui apprendre de bonnes manières par le fouet de la servitude et qui enfin pour tout bonnement sauver son âme avec des versets culturels de leur civilisation. Jours et nuits, sous la pluie et le soleil, ils se disputèrent ainsi son hymen. Cette rivalité devint plus accrue une fois alimentée par l'envie saugrenue de posséder la parcelle de terre où l'on a très longuement pratiqué la traite du bois d'ébène. Puisque celle-ci était officiellement abolie, qu'en vérité, elle changeait plutôt d'appellation, prenait une nouvelle forme officielle, les différents rivaux avaient vite deviné venu le temps de s'incruster profondément chez elle pour survivre. De s'imposer effectivement sur le terrain afin de continuer à manger de la chair fraîche, de sucer du sang frais depuis son sein maternel resté tout offert. Chacun d'eux réclamait avoir droit à quelque chose d'elle. Un baiser non plus volé comme aux siècles derniers, mais d'ayants droits, une caresse, un droit de regard, une nuit. Et même pour certains, carrément une noce. Certaines nuits, ils bagarraient même à ses pieds, arguant chacun être venu le premier à sa couche, et par conséquent aurait seul le droit de la posséder. Et pourquoi pas de la déposséder ? Ou mériterait tout au moins un traitement de faveur telle qu'une reconnaissance de préséance dans l'acte de viol ou de vol.

*****

Malgré tout ce tumulte autour d'elle, la jeune fille à la peau d'ébène restait calme. Seuls ses yeux disaient son inquiétude sans vraiment révéler si elle a ou non pris conscience de sa situation géopolitique. Elle était certainement consciente de la direction forcée que prenait sa vie, son quotidien surtout depuis le jour où ils se sont imposés chez elle. Alors qu'ils la violaient encore et toujours, imbus de leur puissance létale et fiers de leurs fers enchaînant sa vigueur, sa tête se mit à se poser de vraies questions.

Au moment où la traite changeait de forme et de nom, les violeurs changeaient de tactique. Autour d'elle, l'on est devenu ambulancier, docteur, pasteur, avocat, juge et partie, intendant, commissaire aux comptes ou banquier. On parlait même de tutelle en faveur de celle dont le prisme culturel étranger qualifiait toujours de « mineure » … La rivalité était féroce et tenace. Avec la fin de la traite, une certaine liberté comme le droit de ne pas vouloir ou celui de respirer sans en référer à un maître lui fut reconnue. Entre les rivaux ce n'était plus l'entente d'antan du temps de la traite négrière officielle. À présent que l'idée est à l'accaparement de vastes étendues de terres, on est amené à se battre à mort malgré l'alliance d'hier. On tombait dans le « chacun pour soi » tout en faisant croire à la femme violée être en train de se battre pour elle. Des égos prononcés, surdimensionnés et des frustrations nées des partages que certains d'entre eux ont jugés inégaux attisèrent encore plus de la haine entre frères de race dans cette course à l'hyménée.

Les plus faibles et les plus futés pressentirent être venu le moment où la violence directe, brutale, voire létale, ne réussira plus par elle toute seule à offrir des possessions. Il fallait innover en changeant de tactique, paraître galant et compréhensif. Il fallait faire croire à la belle Dame œuvrer dans le seul but de lui rendre la vie un peu plus gaie ; montrer qu'on est positivement différent des autres, qu'on a « évolué » en bien dans la considération de la part d'humanité de l'autre. Le sens du poil en fait.

Pour cela, les « nouveaux » prétendants sont allés jusqu'à lui construire des cases aux formes culturelles qui lui sont jusqu'ici inconnues, lui confectionner de tas de bibelots plus ou moins attractifs. Plutôt distrayant qu'instructifs. Il fallait lui faire croire à sa mise en valeur par la grande séduction tant bien même qu'aucun d'entre eux ne lui accordait le moindre vrai respect ?

*****

Ceux qui sillonnèrent les étangs après les explorateurs mercantilistes furent des missionnaires, les pères évangélistes jurant apporter la bonne nouvelle à la Matrice pour le salut de son âme. Et de bonnes choses telles que les cieux et sa manne divine atténuant les souffrances sur terre. Ils ont également apporté dans leurs bagages le salut provenant d'un être très différent de son dieu « incapable », l'amour du prochain tel qu'ils le conçoivent, le pardon des péchés et la confession pour la rémission des péchés selon également eux. Mais aussi de la patience que bien sûr, ils n'ont pas eux-mêmes. Ces docteurs venaient lui nourrir de la foi contre la peur qu'ils ont installée dans son destin, d'une foi qui éloigne le mauvais sort, que cette foi soit ou non aussi petite « qu'un grain de sénevé ».

Ils lui apprirent alors que ses us et coutumes sont à abandonner parce qu'ils révulsent les esprits en chemin vers le royaume de leur être des êtres qui offre le pardon après la mort. Lorsqu'elle leur rétorqua que la mort n'existe pas là où « les morts ne sont pas morts », ils lui répondirent que la vraie vie, la bonne à vivre, est ailleurs. Sûrement au-delà de ce qu'elle voit tantôt bleu tantôt blanc, parfois nuageux, au-dessus de sa tête. Pour mieux l'enrober de leur esprit inventif, ils tentèrent de la convaincre que le soleil est la tanière de l'être dont ils parlent. Ce pourquoi personne n'arrive à s'y rendre sans leur aide. La lune est son œil dans la nuit et les étoiles ses milliers d'oreilles par lesquelles il entend tout, et partout. Elle apprit même à ses dépens qu'il ne faut jamais contrarier ceux qui traversent ses terres en creusant son sol. Encore moins ceux qui s'installent sur la parcelle de leur choix. Ni aucun autre étranger s'intéressant à elle, de peur de brûler dans le feu, le grand feu allumé au ciel, mais du côté de l'enfer promis aux méchants, aux mécréants, aux têtus, aux insoumis. Et aussi à tous ceux qui n'aiment ni donner ni céder avec joie leurs biens.

Lorsqu'elle leur demanda comment ils savent tout ceci, ils affichèrent de grands airs en lui répondant être de là-bas, disons de là-haut, des voisins ou presque de leur dieu. Et, lorsqu'elle leur demanda de l'y amener, ils lui répondirent faussement courroucés de reconsidérer son rang, de connaître sa place sur terre, sa classe sociale, son sang. Mais qu'il y a cependant une possibilité et la seule pour s'y rendre : il faut tout abandonner ici-bas, surtout ce dont elle tient le plus afin d'être légère comme une plume le jour de son « enlèvement » pour cet endroit appelé « paradis » car seuls les pauvres sur terre sont heureux au ciel. Elle doit donc être aussi légère qu'une plume d'oiseau pour pouvoir monter vers les cieux. Autrement dit, « donner avec joie » ses perles aux étrangers, ainsi que sa terre et sa production. Leur céder l'administration et la protection de ses biens, les âmes de ses filles, fils et d'elle-même pour qu'ils en prennent soin. Confesser en plus à leurs oreilles, leurs secrets, leurs « crimes » supposés afin d'être aussi sains que possible, car nul n'y arrive sans passer par eux.

Hélas, on n'y peut jamais arriver lorsqu'on est alourdi par d'autant de richesses terrestres qu'elle possède ; par des secrets insondables, par le refus de partager la sagesse qui ouvre les portes de l'immortalité et le savoir-faire que leur race ignore.

Seulement, bien d'années après, elle ne se laissait plus facilement avoir par la ruse de ces étrangers. Elle prenait déjà conscience d'être courtisée justement pour ce qu'on lui demande d'abandonner ou de céder. Elle se montrait réticente et dubitative quant à la caresse d'un « si beau monde promis aux soumis ». Elle ne céda plus rien. Ni cet or brut dont son corps est recouvert, ni ses yeux de diamants, ni ces perles de toute beauté autour de ses poignets et de son cou. Ni ces pierres les plus précieuses essaimées dans toutes les parties de son anatomie, ni ces terres rares qui lui servent de matériaux de construction. Pour la survie de ses enfants, il fallait préserver le creuset de plusieurs mines qu'est sa chair, le pétrole intarissable qu'est son sang, du gaz rare et riche qu'est son souffle. Les cheveux de sa tête sont la source des racines d'arbres de toutes espèces poussant sur toute la surface de la terre. Ses ongles sont d'émeraude et sa salive du mercure de premier choix. Son climat offre à ses terres quatre récoltes de toutes semences par an. Des fleurs de sa flore coulent du lait et du miel en abondance. Sa faune est saine et sauvage, dense et la plus diversifiée au monde. Tout en elle est richesse, beauté et pouvoir.

*****

Face à ces êtres perturbés, elle comprenait le rôle à jouer en tant que Matrice de l'Humanité. Comment ne pas soupçonner d'arnaque et de tromperie celui qui vous conseille de ne vivre qu'en esprit, mais vous arrache de force vos richesses terrestres ? Qui s'en accapare avec violence, lutte à mort pour les conserver et tue ses propres frères pour en jouir tout seul, ou tout bonnement vole vos perles pendant votre sommeil ? Il fallait une naïveté à nulle autre pareille pour continuer à écouter de tels discours après analyse de leurs comportements et multiples promesses fallacieuses. La boulimie des discoureurs, la cupidité des saigneurs de sa chaire et la haine qui émane des actes de ces apôtres maléfiques, commandent de plus en plus à son instinct de conservation la méfiance ; de se poser des questions quant à la crédibilité même du culte qu'ils lui disent, mais refusent de pratiquer. Ne sont-ils pas là de pures inventions sorties du fantasme de domination d'une race sur une autre qu'ils essayent d'ériger en dogmes et des vérités évangéliques universelles ?

En ce début de rapport avec l'autre monde, la belle dame ne sortait pas indemne de toutes ces luttes physiques, spirituelles et intellectuelles qui lui sont imposées chaque jour. Abreuvés aux préceptes et concepts de l'école de la soumission du colon, ses fils et filles avaient également perdu pour un temps assez long tout pouvoir et capacité à se rebeller. À travers les enseignements du grand livre des religions et des cultures importées, arme à feu contre la tempe, ils avaient été obligés d'ingurgiter de faussetés dans la vision et la marche du monde. L'autre aurait réussi à imprimer dans leurs esprits qu'il venait de la région des immortels, des dieux vivants. Par exemple que le véritable Être des êtres parle par la bouche de l'étranger et s'exprime seulement en sa langue ; qu'il veut, refuse, accepte, accorde ou récuse et condamne par leur bouche. Qu'ils sont dépositaires du mandat de gouverner sur les mortels tels qu'eux et leur mère. D'autant plus que ce grand être très pur ne peut s'adresser à une race impure, n'ayant ni le même esprit, voire pas du tout d'esprit. Ni la même intelligence que la leur. Ils sont, toujours selon eux, une race égoïste qui ne veut pas partager les secrets de sa durée de vie sur terre et ses connaissances très approfondies du monde. Seulement, une de leurs missions civilisatrices aussi importante que celles du salut et du repos de leurs âmes est que les âmes des rejetons de l'ange rejeté soient sauvées.

Avec ses enfants, elle s'est donc résignée à appartenir à la famille de l'ange rejeté avec qui elle partagerait et la race et l'esprit. Elle a fait sienne la vérité selon laquelle leur dieu ne s'adresse directement qu'à ceux qui sont ses semblables ; aux bons anges, les prophètes illuminés, les apôtres humbles. Aux prêtres puissants, les pasteurs clairvoyants, les bienfaiteurs heureux, le sauveur qui rachète, le pape son représentant sur terre et à tous ceux qui ont ou tendent vers la couleur de leur peau. Tous des voisins.

*****

Mais lorsque les étrangers remarquèrent le doute en elle ou constatèrent qu'elle est de moins en moins réceptive à tout ce verbiage, à leur doctrine, ils firent tonner le canon sans concession comme du temps de leur première rencontre. Question d'impressionner. Aidés de leurs pères et frères évangélistes, ils enfoncèrent brutalement un long clou dans la chair de cette femme et celle de ses enfants en prenant soin de laisser craquer les os à chaque coup de marteau. Puis l'aiguille empoisonnée d'une seringue dans sa veine en laissant bien en place le cathéter pour une future transfusion de leur choix.

Ils lui dirent : « Si tu nous refuses tes charmes, tu iras droit en enfer via les querelles intestines que nous allons causer dans ta société. Si tu nous refuses tes richesses, nous allons envoyer des mercenaires sur ton sol et piller de force ton sous-sol, puis les brûler pour que tu n'en profites jamais. Si tu désobéis à ce que nous te demanderons de faire et refuses de te soumettre à notre hégémonie, ta tête tombera et tu fileras doit en enfer ».

C'est ainsi aussi qu'il était une fois une jeune mère réduite en esclave, violée et soumise de force, est devenue évangélisée et abrutie.

*****

Des jours se sont écoulés, des années aussi ayant semblé des siècles interminables de peurs et diverses humiliations. Les violeurs de la sauvage devenus les maîtres de l'abrutie ont, dans le souci de la dresser au mieux, fait un remarquable pas. Ils sont devenus enseignants, éducateurs, voire formateurs. La mutation continuait sa réalisation. La naïve devenue la violée, puis l'abrutie, l'ignorante devenait une éduquée, une lettrée de leurs écritures et leurs canaux de transmission et retransmission de la pensée « pour plus d'ouverture au monde ».

En fait, les difficultés rencontrées à travers le dressage de l'esclave par le maître ont poussé ce dernier à alphabétiser l'illettrée pour mieux lui inculquer sa pensée pour une meilleure escroquerie intellectuelle. Une sorte d'abrutissement philosophique finalement. Il fallait pour cela l'instruire dans le minimum requis pour l'assimiler à ses idées et l'engrener dans son système. Chaque dominant s'y activait du lieu où il l'a prise. Elle sut alors lire, écrire, compter, raisonner en la langue du mâle dominant et selon la logique du mâle dominant. Nous entrions donc ainsi dans l'ère de la pensée unique. Des décennies durant lorsqu'elle s'exprima ou qu'elle raisonna, son point de vue refléta celui intériorisé du maître. C'est l'autre qui parla en elle, et automatiquement également en ses enfants.

Pendant des décennies de cet abrutissement sauvage, il lui arriva, curieuse de nature, de tomber par moment sur un livre ou un roman. Ces outils lui apprirent exister un monde différent de celui dont les mâles dominants lui content autour du « grand livre » brandi et expliqué chacun selon ses intérêts. Elle tomba ainsi sur des livres qui lui apprirent beaucoup de choses sur les peuples d'autres parties du monde. Toute cette lecture alerta son esprit, captiva sa pensée, inquiéta sa conscience en lui ouvrant de nouveaux horizons. C'est ainsi qu'inconsciemment sa barque intellectuelle se dirigea sous le signe du verseau vers sa révolte intellectuelle et personnelle.

****

Les étrangers étaient les seuls à lire les livres au choix depuis leur rencontre. Elle avait été interdite de tout usage de son écriture à elle héritée de ses ancêtres, de son mode de transmission de la pensée et de l'information par la voix, de l'utilisation de son tambour parleur, des pigeons voyageurs, etc. Par conséquent, ils avaient aussi le pouvoir de la censure. Ils enseignaient l'alphabet occidental et maîtrisaient l'imprimerie sur papier. Aussi avaient-ils décidé du genre de livre à faire lire à la nouvelle lettrée ; bien sûr, ceux qui naturellement sont à leur avantage, ceux qui font l'apologie de leur race, de leur intelligence, de leur technicité et de leur grandeur. La grandeur de leur civilisation, de l'avancée technique et technologique dont ils sont auteurs fiers. Mais pour ne pas la perdre totalement d'un coup, on lui fit réciter des recueils et des fables conçus pour son aliénation, contant les aventures de « Kulu » la tortue intelligente, de singes surdoués, de lièvres sages qui parlent le langage des humains, qui savent tendre des pièges à d'autres animaux et à l'humain d'une intelligence moyenne. Tout cela trahi de beaucoup comment les étrangers se représentent sa culture, ses traditions et ses coutumes.

Elle lisait tous ces livres avec avidité, saisissant par moment le vécu des impérialistes. Question aussi de comprendre avec le temps pourquoi elle s'est retrouvée au centre des envies du monde, pourquoi les rivaux continuent à vivre chez elle, dans des disputes et des rivalités incongrues. Elle voulut comprendre les raisons véritables qui les ont poussés à partir des terres lointaines, des milliers de kilomètres pour des parcelles de son terroir. Mais surtout pourquoi et en vertu de quoi ils s'appliquent à un tel rituel de viol sur sa personne, de pénétrations contre-nature. Et pourquoi, alors qu'elle se débatte, que ses enfants raclent les caves avec les ongles, personne ni des cieux ni sur terre, encore moins dans ce monde ne vient à leur secours. Imaginez-les essoufflés et à bout de force, presque assommés, étranglés, vidés de leur force, luttant pour survivre, pour se sortir vivants de l'étreinte et de l'asphyxie sûrement mortelles des caves et des égouts.

Remonta visiblement alors en elle chaque jour le dégoût de cet étranger qui à la fin présente l'ADN d'un monstre. D'un monstre sanguinaire qui fait peur, qui donne la honte pour un être pensant qui marche debout. Il aime humilier son prochain, prendre sa vie, massacrer, éventrer, sucer son sang. Belliqueux, c'est lui. Envieux, c'est toujours lui. Plongé dans une crise de rivalité et d'égoïsme. Il donnait le vertige.

Alors, elle regretta d'avoir fait confiance à ces traits semblables à ceux d'un humain, à cette chose aux apparences humaine. Elle réalise la peur dans le ventre le danger qu'est cette forme aux apparences humaines sur ses propres terres. Le nouvel arrivant montre chaque jour une nature contraire à celle d'un bon humain. Il suscite peur et inconfort sur terre. Elle est blessée dans son âme et dans son amour-propre. Touchée dans sa confiance, un moment, elle s'en voulut ; et même au monde et au créateur. Elle savait le monde changer en mal, que le drame rôde encore plus meurtrier autour d'elle, de ses fils et filles et de ses terres. Elle s'est fait avoir. Sa dignité et son honneur ne sont plus ça. Elle réalise amèrement chaque année que sa vie est souillée, ainsi que son histoire, et que son brouillon de vie n'est plus beau à lire. Sa seule consolation vient de sa sagesse, de son intelligence et en son Dieu qui l'a fait tenir des millénaires, loin de tout ce qu'apporte l'autre monde comme impasse dans l'avenir des humains.

Une chose est devenue réalité : la « mineure » du monde dit moderne est plutôt mature, la naïve est émancipée, l'analphabète est à présent lettrée de leurs enseignements, voire intellectuelle de leurs instructions. Conséquence : la docile se transforme chaque jour en rebelle, affichant de plus en plus son mécontentement et ses craintes en plus des réserves dans leur raisonnement. Elle ne craignait plus de revendiquer haut et fort ses droits en tolérant de moins en moins que l'on continue d'abuser d'elle et de sa progéniture.

L'histoire nous apprend qu'il y eût aussi ce jour où la goutte d'eau déborda le vase. Ce fut lorsqu'elle constata à son réveil qu'une de ses perles a encore disparu, que sa veine ouverte ne fait pas son propre confort, mais plutôt celui de ce vampire. De celui se nourrissant de son sang pétrolifère, tannant sa peau d'or, pillant sa forêt et brillant de tous les diamants qu'il lui a extorqués ! Elle apprenait beaucoup de choses des querelles au quotidien entre étrangers se discutant sa couche, exhibant chacun son degré de vampirisme, d'égoïsme et de sadisme.

La petite histoire nous enseigne encore que ce jour-là, elle se révolta et se revêtit de l'étoffe de la résistance. Elle trembla de fureur. Ses yeux diamantifères devinrent des flèches de la mort, ses ongles d'émeraude se transformèrent en machettes. Elle trembla de tout son corps, se secoua, la force de son esprit la souleva et la dressa contre ses assaillants. Une nouvelle fois encore, elle résista à l'acte de viol au péril de sa vie. Pourchassée et acculée de partout, elle se mit à prendre différentes figures partout où les impérialistes se prirent pour maîtres dans sa maison et sur ses terres. Des figures de martyrs dont l'unique force fut la volonté et le soutien de son esprit dans l'intime conviction de la défense d'une cause juste.

Ce furent les visages de Samory Touré, Fanta Mahdi Keita, Musa Musa, Chaka Zulu, Duala Manga Bell, Behanzin… À la soumission et à la résignation, elle préféra la mise à feu et à sang de ses terres et de sa chair. Alors que l'étranger fait tonner poudres et canons, elle se battait avec machettes, flèches et javelot, brûlant des régions entières de ses possessions pour les empêcher d'avancer. Ce fut la technique de la terre brûlée. Mais l'étranger fit tonner le canon de plus belle et donna la mort par milliers à chaque coup. Une fois ses terres pillées et brûlées, elle devait aussi se battre contre la famine. Errant dans le désert de ses terres brûlées pour ne pas rester captive d'un vrai sadique ne se retenant plus pour assouvir ses basses pulsions, elle résista contre des armes modernes de guerre. Ils étaient de plus en plus nombreux chez elle, comme dans une sorte de coalition internationale. Elle était seule.

Malheureusement pour elle, le mâle étranger avait la force par le canon qu'il suffisait de faire tonner pour qu'elle sente ses os se briser et sa résistance prendre du plomb dans l'aile. Elle butait sur le mur de la technicité et de l'industrie de guerre. Malgré sa volonté très prononcée de résister, elle fut battue, conquise et reconquise, muselée à nouveau, vaincue et écartelée, apprêtée pour être violée à nouveau, jusqu'à son évanouissement. Elle se réveilla attachée et enchaînée au pilori des insoumis et ne put que constater le règne de l'étranger son agresseur sur ses biens et sur ses terres en véritable jouisseur de ses souffrances.

Seulement, durant toutes ces années noires de la résistance auxquelles son destin se joua entre pile ou face avec échec et mat à la fin, les rivalités entre les  puissants conquérants et amoureux ne s'estompèrent point. Choses curieuses. Ils s'accusaient mutuellement de ne pas avoir respecté les règles de jeu préétablies de mutuelle accord, de n'avoir pas assez fait preuve de loyauté et de solidarité raciale comme convenu.

*****

Puis un jour, elle apprit les nouveaux accords en cours entre frères étrangers. Elle apprendra que pour calmer leurs tensions et faire taire leurs rivalités, une assise au cours de laquelle les puissants rivaux vont se casser leur sorte de kola a lieu en présence du voisin éternel. Ce sera dans une immense salle du « paradis » où l'on trouve des solutions très intéressantes à la crise à l'aide de la sagesse des anges qui seront des juges, des avocats, des témoins et des jurés. Que c'est une conférence où les parties vont identifier clairement les limites de leurs positions dans ses terres à elle, depuis une carte, et par une plume habile et indifférente de la réalité de ses entrailles.

On lui fit croire que c'est facile chez eux. On y dialogue, trouve des consensus, signe des traités, des règles éditées qui par la suite serviront à régir l'action des anciens et nouveaux propriétaires de ses terres.

Un matin, on vint lui dire que cette kola a été cassée et répartie, que tout est rentré dans l'ordre, que la limite de compétence de chacun est connu à présent et reconnue de tous. Aussi qu'il y aura à présents des droits sur elle, mais très peu d'obligations envers elle, ainsi que beaucoup de lois que les « indigènes » ne doivent en aucun cas transgresser. En ce qui la concerne, bien que cela soit au-dessus de sa compréhension, elle devra dès lors se résigner à accepter sa condition nouvelle et présente se résumant à ceci : chaque étranger sera propriétaire de ses terres, ses biens, la richesse de son sol et sous-sol, ses mers et ses airs, à l'endroit où il l'a soumise et vaincue.

Les clauses disent que chaque étranger doit maintenant exhiber les couleurs qui le représentent tout le long des kilomètres carrés tombés sous sa possession selon le lieu exact de proximité par rapport à leur « voisin » d'en haut, l'être des êtres du paradis. En ce qui la concerne, elle doit libérer rapidement les terres fertiles, de même que l'or, le diamant et les perles sur sa peau, dans sa chair, ses ongles, etc. Et de se contenter des espaces rocheux arides et des lieux invivables et insupportables ; qu'elle est tenue de respecter les drapeaux plantés sur son territoire, ainsi que les conditions sous lesquelles sera administrée à présent sa vie ; qu'elle doit dès à présent toujours rendre compte de ses faits et gestes, de ses moindres mouvements, de ses choix et de ses actes à ses multiples maîtres.

Pour couronner le tout, on lui fit savoir changer une fois encore de nom. Il était écrit dans son statut après cette réunion qu'elle devenait une colonisée. Celle qui ne s'appartient plus. Une sorte de prise de guerre que les hommes exhiberont en s'exprimant pour elle devant les autres nations du monde, défendront la cause sur les tribunes des nations en porte-plume ou autrement. Des incongruités géopolitiques quoi. Ses maîtres feront sa politique intérieure et internationale, régiront son économie, auront droit de regard sur son social et dans ses sociétés secrètes, géreront ses finances en cultivant son sol avec de gros moyens, videront son sous-sol, défricheront ses espaces pour lui bâtir de nouvelles villes  leur image, lui construire des immeubles en parpaings et du ciment. Sur son sang rebelle, contrôleront ses mouvements en devenant des maris jaloux, égoïstes, avares, orgueilleux, enrichis sur le dos de la maîtresse ; éhontés de l'avoir démunie, handicapée, affaiblie par de longues et innombrables sucions de sang, de l'avoir rendue anémiée, anorexique et bien malade.

Elle était devenue une colonisée. C'est-à-dire, une possession. Une autre forme de sa mutation et sûrement pas la dernière d'autant plus que l'action de faire d'elle une colonisée démontre à suffire une volonté de pérenniser la traite et le mal. Une sorte de vampirisme assumé. Une mainmise sur l'artère aortique, sur la carotide de celle qui n'a pu périr dans les crimes perpétués depuis des siècles contre elle. Une éternelle survivante depuis le génocide commencé au temps de l'esclavage, contre celle qui a pu et su comment pérenniser la race que l'étranger a voulu de toute son âme creuse voir disparaître. Il y eut un jour et une nuit.

# Le FORMATAGE

Une colonisée ! Dans sa tête cela résonna comme quelque chose de pas beau à entendre, de honteuse. Cela voudrait dire quelque chose comme petit devant un grand. Cependant, on lui dit plutôt que c'était la situation d'une personne fragile devant être protégée par la plus forte et puissante. Que son nouveau statut est celui d'une personne à l'école d'une autre afin d'apprendre à mieux gérer soi-même sa vie dans un futur proche…

Or la colonisation endolorissait sa chair. Sur le pilori voyait-elle de son vivant son vainqueur l'écarteler, la disloquer, la répartir, la balkaniser en parties inégales. Elle le voyait séparer ses enfants, les disperser sans aucune considération de leur foyer d'origine.

Une fois qu'elle a été clouée à ce pilori, les larmes aux yeux, les chaînes au cou, la rage saignante dans le cœur, soumise de force, elle devenait impuissante. L'étranger qu'elle avait recueilli, nourri et donné un toit, complotait contre sa liberté dans le but de la perdre. Il faisait des plans pour que jamais, elle ne regagne sa santé et n'ait aucune place autour de la table des nations de la terre. L'étranger complote afin de l'asservir, de la maintenir dépendante, quémandeuse, mendiante, affamée, vile, sotte, folle et esclave. C'est en cela que consiste le gros d'une colonisation. Le complot d'une très grosse escroquerie intellectuelle factuelle qui n'a jamais eu de nom ni présenter de délit pour le « monde policé et civilisé ».

Une autre réalité pouvait à leurs yeux constituer un crime contre l'humanité, mais jamais la traite négrière, l'esclavage, les crimes par milliers de ses fils et filles, la colonisation, encore moins ses conséquences. Ils tiraient la colonisée par la laisse et lui disaient : voici du poisson, mange. Voilà du beurre, va manger. Mais le chocolat obtenu des fèves de ton cacao, il faut l'acheter. Alors travaille pour le mériter, travaille dur, tu t'en sortiras. Laboure la terre, cela vaut mieux pour toi comme lors de la traite, mais cette fois dans ton propre jardin, racle dans la cale de ton sous-sol pour notre aisance. Que ton sang coule comme la sueur de notre seigneur sur le mont des oliviers. Regarde ! Ton avenir est truffé de cauchemars. Tous ceux qui n'ont pas la couleur de ta peau s'en sortent jusqu'ici et sont déjà avancés, grouille-toi, échine-toi. Encore une chose, mets tes bras à notre disposition, oublies ton cacao, ton café, ton or, on te donnera en retour des billets de banque en grosses coupures : tu sais, ces imprimés d'une planche à photocopier que tu appelleras monnaie. Ainsi, tu t'achèteras ton rêve chez nous au prix de notre papier imprimé. Tu te nourriras, tu t'habilleras moderne, tu bénéficieras des innovations de tes soit dite inventions devenues nos découvertes par la force létale, de nos techniques de soins appropriées qui tous sont des innovations de tes découvertes ancestrales. Nous savons comment les présenter au monde à notre avantage. Voilà ! Pries et loues ton parrain, ton sauveur, celui que la Société des Nations, que nous avons créée sans ta toi, a bien voulu assigner mandat de ta protection. Et que des Nations « qui s'unissent pour la paix dans ce monde » ont par la suite déclaré être ton tuteur.

Avant ta maturité politique et ton éclosion réelle dans ce monde sous notre gestion, chère madame plus âgée que nos ancêtres, ce sera la lourde mission à nous dévolue que celle de gouverner ton esprit et administrer ta richesse. Ainsi que ta chair, ton sang et surtout ton destin, à forger ton esprit et formater ta société. Sûrement que tu apprendras beaucoup de choses à nos côtés. Il suffit de nous prêter tes mains tout simplement. Nous serons ton intelligence, tes villages deviendront de riches et belles cités remplies de technologies modernes, de technologies à succès. Rends-toi, soumets-toi, car même par la force la bulle papale et le code noir seront ad vitam æternam notre boussole. Pour cela, sois alignée devant un système ou non alignée devant plusieurs guides, tu utiliseras la faucille de tout prolétaire, tu utiliseras le marteau aussi longtemps que nous te garderons en chantier. Tu tendras vers les étoiles ou tu auras la couleur azure du ciel. De même comme chez nous les capitalistes avec lesquels la civilisation commença par la théocratie puis changea en autocratie pour finir par construire un empire du mensonge aux allures d'une démocratie. Sur ton peuple, nous expérimenterons quelque chose d'hybride comme régime politique tant qu'elle devra nous servir, quelque chose de fort pour contenir les mécontentements sociaux. Puisque  l'impression chez toi est que la civilisation a commencé par la démocratie, pour notre intérêt ce jour, elle va commencer à muer en autocratie pour finir en la théocratie. Mais nous avons décidé pour toi une assimilation rapide ou alors une intégration en territoire d'outre-mer. De toute façon, nous pensons qu'il est mieux pour toi que tu gardes une certaine identité de toi-même. Nous ne toucherons donc pas ce qui est de ta survie de chaque jour d'une manière soudaine et brutale, car notre seul et vrai intérêt, est que ton intérêt soit le plus intéressant pour nous. Tu t'en doutes bien maintenant. Par conséquent, tout ce qui ne corrobore et ne consolide pas nos idéaux impérialistes, dominatrices, colonisatrices, néo-esclavagistes et ségrégationnistes ne t'est permis. Tout, sur le plan politico-économique, social financier, diplomatique, culturel, national ou international, tombe illico sous le sceau de la notion d'ordre public, telle que nous la concevons.

Nous n'allons non plus abuser de notre pouvoir. Au contraire, nous l'affirmerons et l'affermirons dans chaque partie de ton territoire avec lequel nous jugeons bon de te rappeler que nous sommes puissants, que nous avons la force par les armes. Aussi, notre raison étant la meilleure, il t'est interdit d'essayer de nous faire entendre raison. Souviens-toi d'où nous t'avons tirée, dans quelle barbarie tu vivais à notre arrivée, dans ta pseudo paix, ornée de tes perles, ton or et tes diamants qui faisaient désordre en traînant partout sur ton sol. Nous avons fait de toi ce que tu es devenue. Sois donc obéissante et même très reconnaissante envers nous. Sache nous dire merci pour les bienfaits de ta condition actuelle. Ni ton or ni ton diamant, encore moins toute la richesse de ton sous-sol, aucune de tes immenses richesses n'auraient pu sauver ton âme, ou panser tes plaies comme nous l'avions fait. Grâce à nous, tu connais à présent la route du paradis. Va prier et danser pour être sauvée, et ne pèche plus.

Sauvage, nous t'avons conquise et humanisée et t'avons appris tellement de choses. Alors que nous attendions de toi un prix en retour, veux-tu plutôt te rebeller contre nous ? Après tant de choses faites pour toi ? Aurais-tu une rancune cachée dans ton cœur ? Une rancœur ? Ne vis-tu pas mieux aujourd'hui qu'hier ? Ne sembles-tu pas plus heureuse ? Crois-tu que tes artefacts emportés chez nous, tes quelques milliers d'objets d'arts qui ornent nos musées et nos palais, tes quelques bibliothèques brûlées, valent notre générosité à te sortir de la forêt dense ? Valent-elles notre dévouement à te créer des villes modernes avec toutes les infrastructures primaires ? Nous t'avons construit des écoles primaires. La mise à l'écart de ton écriture et de ta culture, les déplacements vers des camps de concentration pour mieux te formater, la perte de ton identité de sauvage ne sont rien en égale valeur par rapport à l'assimilation que nous te proposons.

****

C'est avec de tels discours abêtissants que l'étranger tira sa colonisée par la laisse, croyant bien que son plan hégémonique avait réussi et que son but inavoué allait bientôt être atteint. Que l'orage soit passé.

La lettrée était à présent une colonisée, une dominée, une mentalement lessivée, une abêtie, une frustrée ayant subi un lavage de cerveau des mieux élaborés sur terre, prête pour sa profonde dépersonnalisation en vue de sa totale acculturation. Un lavage de cerveau indispensable pour la gagner à jamais, la truquer et la contrefaire à ses propres yeux, à celles de sa descendance surtout. Déjà qu'il a réussi à lui faire parler sa langue, à rendre des besoins artificiels nécessaires dans sa vie afin de pérenniser son exploitation tous azimuts. Pour la pervertir à jamais, il mit sur pied un système sophistiqué de traite moderne de son bois d'ébène favorisant la fuite des cerveaux de sa progéniture par un processus vicieux d'intellectualisation abrutissant. Ce faisant, il leur refusa tout droit de pratiquer leurs cultes, développer leurs cultures et pérenniser leurs traditions. L'argumentaire de l'étranger est que leurs us et coutumes sont barbares, démoniaques et dépassés. Rien de ces pratiques, de ces cultes de morts ou du soleil ne peut sauver l'humanité. Seuls le savoir et le savoir-faire occidentaux, la médecine occidentale, le mode de vie à l'occidental, les codes, les normes, poids et mesures occidentaux sont justes et équitables. Bref, il faut aller vers ce qu'ils appellent « les valeurs occidentales » : qu'elles soient sociales, philosophiques, familiales, politiques, scolaires, éducatives, culturelles, sportives, scientifiques, statistiques, climatiques, historiques ou artistiques.

Toujours dans cet ordre d'idées, l'étranger lui imposa fleuves et collines comme limites naturelles de ses parties. Il lui dit : sauvegarde tes tribus, exige-les parfois par la force. Celles qui s'assiéraient à nos côtés, qui auront notre considération, avec qui nous allons travailler seront justement celles qui sauront mater les faibles. Pour que chaque tribu poursuivre la mort de l'autre, il lui apprit du même coup à haïr. À ses enfants à se méfier, à ne pas tolérer, à craindre la différence. Puis, il leur mit le poison du tribalisme dans les cerveaux et la pierre de l'ethnocentrisme dans les cœurs. Du sang sur les mains, le jeu de la convoitise dans les yeux, ensuite les précipita du haut d'une falaise pour des guerres civiles interminables d'où, comme Sisyphe roulant la pierre, ils s'embourbaient. De même comme l'âne de Burin, il bloqua leur quotidien entre le besoin de s'offrir le nécessaire et celui de se présenter modernes. Pour parachever son œuvre, l'étranger prit la bible et leur lut à nouveau les versets de son grand livre afin de bien les coller à la nouvelle réalité…

La colonisée était piégée, condamnée, prise dans un tourbillon qui donne des troubles de réflexion. C'est donc cela le « bonheur » et la vie « heureuse » dont le colon, son cher « protecteur » lui a promis. Un piège qui ouvre la porte aux endettements, car pour s'épanouir dans ce système qui lui est imposé, il lui faut soit acheter, soit emprunter. Pour continuer à exister, la pauvre est obligée d'emprunter. Pour faire son entrée dans la modernité exigée, beaucoup de ses réalisations doivent être soutenues et financées par des institutions monétaires étrangères. Normal, elle ne bat pas sa propre monnaie ! Très rapidement, elle fut écrouée sous des dettes immenses pour avoir les écoles et les hôpitaux selon leur modèle d'enseignement et de soins. Ainsi que pour avoir des logis et des bureaux, de l'eau courante et de la lumière électrique, les infrastructures de communication, une compagnie aérienne. De même qu'un réseau de télécommunication, pour la mise en place des institutions politiques et administratives à l'image de celles de l'Occident. Le savoir-faire lui-même n'était-il pas vendu par l'étranger ? Sans honte, ce dernier masquait son commerce sous les appellations pompeuses des aides au développement, alimentaires, humanitaires, de coopération Nord-Sud.

Pourtant, bien de décennies après, alors que l'étranger était déjà sûr que cette pauvre petite pauvre ne pouvait rembourser toute cette « aide » transformée en dette grossie par son artifice, il demanda à être remboursé. Cependant, il était le premier bénéficiaire de presque toutes ces installations et constructions modernes. Elles facilitaient son exploitation commerciale, financière et sociale.

Prise au piège des astuces de l'Occident dans le vol de ses biens, elle mesura alors la distance du chemin retour  vers la liberté. Déjà enchaînée, pieds et poings liés, l'étranger lui jeta aux pieds la houe en lui indiquant la seule possibilité de s'en sortir : continuer à creuser, fouiller et bêcher.

Des décennies plus tard, l'étranger lui demanda de se renier pour rester en vie. Elle regarda ses enfants se prostituer à la face du monde ou mourir dans les mers dans leur quête du mieux-être.

*****

Le violeur de la Matrice de l'Humanité est de nature belliqueuse. Un événement majeur encouragé par cette nature va amplement ouvrir la conscience de la femme violée en lui révélant le véritable ADN de celui qui s'est fait passer des siècles durant pour immortel à ses yeux.

La petite histoire nous dit qu'il y eut un jour une grande explosion de haine chez eux, une terrible déflagration affirmant l'appartenance de cette race aux forces du mal. La haine qu'ils se nourrissaient à ses pieds l'un pour l'autre n'était pas que simulation. Ils sont certes solidaires devant elle au nom de leur race et de leur origine, mais ils ne s'aiment pas profondément. Envieux des richesses ramenées par les plus faibles et les rusés, certains forts et puissants ont conclu à l'annexion pure et simple des territoires des plus faibles. Ils ont qualifié cela de causes lointaines à la déflagration, mais le temps nous fait comprendre que c'est la cause principale et profonde. Dans la résistance, quelqu'un a fait tonner le canon, non plus chez la « sauvage » mais sur leur propre continent, comme ce fut aux temps des Vikings.

La colonisée ne comprenait pas comment un monde se vantant d'avoir une civilisation supérieure, polie et moderne avaient des habitudes de barbares. Que des individus de la bonne société mondiale supportent l'idée si incongrue de coloniser leurs propres frères et sœurs de race, de sang et d'intelligence. Si contre lui l'argument est la mission civilisatrice, un acte prétendument humanitaire, un geste de cœur, qu'en est-il là-bas ? Cela n'y amusa personne. La contestation contre les idéaux impérialistes et des projets d'épuration raciale en vinrent rapidement aux armes. Personne n'y voulait être colonisé par son prochain. « Ce n'est pas bien ! », entendait-on partout. Mais comme chez eux chacun a son canon pour se défendre, ils se retrouvèrent très rapidement dans un conflit ouvert généralisé dans lequel les plus puissants butèrent sur la résistance intrépide des faibles. Ces derniers sentant proche la fin, lancèrent un appel au secours à la Matrice contre l'envahisseur, ignorant la leçon de l'histoire. L'idée était simple : les fils de la colonisée avaient des atouts considérables, mais avant tout se sont montrés de guerriers redoutables qui n'auraient pu être vaincus sans la poudre et le canon. Ils ont du cœur au combat quoique ne maîtrisant point l'art des batailles armées modernes, ne sachant non plus tirer sur une cible mobile ou immobile avec une arme à feu, tireraient tout de même ailleurs contre « l'ennemi ». Ce qui, dans une certaine logique de guerre et de combat empêcherait ce dernier d'avancer. Ils seront donc envoyés les premiers au front pour mourir les premiers, faire le surnombre dans les rangs, servir de chair à canon. On leur apprendra des notions préliminaires de la guerre moderne, comme la manipulation d'armes à feu légères. Ils seront également là pour la popote, la lessive et les petits travaux manuels…

La Matrice se leva ce jour-là à l'appel d'un chef de guerre de la métropole demandant d'aller combattre et mourir dans une bataille qui n'était point sienne. Une fois de plus, ses fils de bois d'ébène furent sollicités pour réchauffer les tranchées froides dans lesquelles se sont recroquevillés de peur les voisins du tout-puissant être des êtres. Ironiquement, l'occasion fut bonne de prouver sa reconnaissance, cette acceptation de l'être assimilé, recyclé, prêt à mourir pour une cause étrangère. Ne lui avait-on pas fait signer, en quelques mots, des documents bidon, de traités taillés sur mesure et de pactes avilissants ? Cet événement fit traverser les enfants de la belle dame des mers et des océans pour sauver le soldat étranger contre l'un des leurs qui est devenu puissant et fou. C'est ainsi qu'ils découvrirent un monde de frustrés et de tensions. Un monde plutôt tumultueux et angoissé. Un monde chiche et pauvre offrant moins de deux saisons de récoltes, ayant un sous-sol pauvre, des terres arides, avec un climat violent et rude.

Le fait intéressant ici est que ses enfants eurent le dégoût de ces êtres en se rendant compte depuis le front, qu'ils étaient faibles, peureux, et tombaient comme des mouches, par dizaines, par milliers, par millions, aux mêmes coups de canon. Qu'ils étaient vraiment MORTELS !... Mortels ? Que ces êtres qui leur disaient être des immortels, et dont les cadavres n'avaient jamais été vus nulle part jusqu'ici ont menti ? Ils vivaient sur terre, se cachaient sous terre comme des rats, et étaient aussi périssables que son bois ; qu'abandonnés sur le sol après avoir perdu la vie, l'asticot y germait après la raideur cadavérique, sa putréfaction, son gonflement, son ballonnement et son éclatement. Ils obéissaient à l'évolution naturelle après la mort. Ils surent et furent convaincus ce jour-là qu'ils étaient aussi mortels que leur chien et tous les humains. Ils virent couler son sang : il était aussi de couleur rouge.

Ses enfants avaient remarqué la désolation, la honte, la peur et le bouleversement de ce peuple face à la mort. Dans leur chair et dans leur esprit, ces gens-là souffraient. Ils étaient angoissés. Ils étaient malheureux. Ils avaient besoin d'aide, de l'intervention de ceux qu'ils ont jadis méprisés et assujettis pour ne pas disparaître dans l'abîme éternel. Les vaillants guerriers issus des colonies, qui avaient la culture de combats téméraires et de bravoures qui en font des hommes d'honneur avaient en face d'eux des êtres minables et lamentables. Ils étaient abandonnés à eux-mêmes, délaissés par leur cher voisin, sauvages, meurtris et barbares, pleurant dans leur monde désolé.

Alors une vérité se fit très précise dans la conscience ouverte des colonisés : ils sont venus sauver cet oppresseur du bourbier et de la disparition. Ce dernier est un faible vivant de l'apparence, abrité derrière un voile de menteur, protégé par son canon. Il n'est point puissant grâce à la couleur de sa peau et encore moins de ses origines qu'il avait prises soin de trafiquer et de cacher. De même qu'il a caché ses vraies intentions lors de leur première rencontre. Le pouvoir est sa juste raison de vivre, mais l'envie de dominer surtout. Il est un impérialiste depuis sa conception.

À quelque chose malheur est bon. Cette déflagration des conflits lui fit connaître la réelle nature de son tortionnaire. En plus d'être méchant, pervers, sadique, vicieux et meurtrier, il est également un vampire sataniste. Bref, plutôt un fils de diable qui est allé jusqu'à profaner ses propres saintes écritures et la couleur de la race des saints pour son propre intérêt. Dans son orgueil, l'étranger a cherché à remplacer le Vrai Créateur par un humain, à lui faire la guerre et à pourchasser ses enfants sur terre. Voici, c'est tout ce qui ressort de l'orgueil de cet être plongé dans la vanité ayant causé cette déflagration mondiale qui sollicita l'entrée des fils de la belle dame dans le conflit. Pendant des années, personne ne voulut répondre à ces deux questions : Pourquoi vous entre-tuez vous ? Qui dominera ce monde que nul n'a créé ?

*****

À leur retour, quoiqu'exténués et ayant subi des pertes humaines, ses fils prirent la ferme résolution de chasser ces diablotins de leurs territoires. Ils déclenchèrent un combat impitoyable contre l'envahisseur, exigeant son départ sans délais. La colonisée devenait une indépendantiste souverainiste autonomiste nationaliste.  À nouveau, elle se mit à bouillonner, à se secouer dans tous ses recoins dans le but cette fois-ci de faire tomber toutes les stèles coloniales, de combattre l'étranger jusque dans ses derniers retranchements. Elle appliquait très bien les enseignements de l'art de la guerre moderne récemment apprise. Sa puissante volonté la poussant à sortir coûte que vaille du joug colonial.

Par contre l'étranger prit son désir d'autonomie comme une déclaration de guerre, un refus délibéré de lui rendre honneur et fidélité. Surtout comme un manque de reconnaissance, un geste de mépris pour sa noble personne, une trahison de l'esprit de la colonisée qui veut être à sa hauteur, égale de sa race. Inacceptable ! Pris de fureur, il arma le canon et tonna, dévasta et pilla une nouvelle fois, extermina et trancha autant de têtes qu'il fallut pour faire taire les revendications autonomistes. Des millions de têtes ayant osé dénoncer sa politique impérialiste et colonialiste. Or la révoltée nationaliste n'avait plus peur de ces mortels. Elle se jeta de tout son corps et de toute son âme dans la guerre de libération, de recouvrement de ses terres et de sa dignité, de son indépendance. Sa vie ne comptant que très peu à côté de ses revendications légitimes. Le colon faisait tonner le canon autant qu'il le pouvait et voulait, mais la guerre d'indépendance perdurait. Elle était autant dépensière qu'usurière pour lui qui a des difficultés à reconstruire chez-lui après les ravages de la guerre que pour elle qui venait de perdre des bras et des cerveaux dans une guerre qui ne la concernait pas. C'étaient les visages de Um Nyobè, Patrice Lumumba et même jusqu'à l'époque récente de Nelson Mandela ou Thomas Sankara.

Sans grand espoir, la colonisée était parvenue à se rendre à la « tribune des nations unies pour la paix dans le monde » pour réclamer ses droits fondamentaux et inaliénables selon la charte adoptée par tous. Ses droits fondés sur les préceptes divins des libertés individuelles. Elle y a fait savoir au monde être mature, majeure et vaccinée, ne pouvant en aucun cas accepter le rôle de second plan dans le train de l'humanité, moins encore cette place de colonisée. Sur cette tribune, elle appela au raisonnable et au civisme. Éduquée et moderne, elle était devenue. Cela se voyait dans ses actes et se lisait dans ses écrits. Du haut de cette tribune, elle dit parler pour son autonomie en tant qu'entité libre. À l'intention des étrangers entêtés à manipuler dans ses affaires, elle fit savoir que cela ne servirait à rien de brûler ses forêts, d'incendier ses bois, de verser son sang dans tous les pôles de sa résistance. Cela ne mènera à rien de tuer ses voix, de cracher sur ses écrits, d'ignorer ses réclamations et de taire ses exigences, parce qu'elle ne cédera jamais dans ce combat noble et juste. Elle veut son indépendance, être libre, le droit de disposer d'elle-même. Et cette autonomie, elle la voulait immédiatement.

Désarçonnés par tant de détermination dans la revendication, les colonisateurs choisissent libérer la colonisée. Mais seulement après avoir mis au point un nouveau stratagème de déstabilisation de la société de celle qui à présent prend une nouvelle dénomination : la colonisée indépendantiste souverainiste autonomiste nationaliste devient une autonome unioniste. Mais comme déjà dit plus haut, à la place du cœur l'étranger avait une pierre. Il détacha pieds et mains de « sa proie » clouée au pilori sans pour autant lui ôter la laisse autour du cou : cette influence dangereuse et néfaste auprès des politiques, cet incessant lavage de cerveau implacable fait à tous les apprenants de l'école coloniale seront plutôt amplifiés. L'étranger savait bien jouer avec la fine et longue laisse, dictant les comportements de l'autonome qui pensait agir librement. Libre dans les fers serait le titre de son film. Selon un adage, elle courait dans le sac du colonisateur. Alors, ils appelèrent cette nouvelle forme de colonisation « Indépendance ».

*****

Indépendante de quoi ? Envers et contre qui ? Et comment ? Telles sont quelques-unes des questions dont celle qui était dans l'allégresse de se revêtir d'un nouveau nom n'a vraiment pas eu le temps de se poser effectivement… La jeune femme devenue une autonome n'a non plus pris la peine de regarder la marque sur ses nouveaux habits.

« L'indépendance », c'était juste une pause pour la dominée devenue colonisée puis autonome. L'indépendance, c'étaient les fils de l'autonome qui attaquaient la vie à leur tour, mais de la plus mauvaise des manières, l'héritage de la colonisation les brûlant les bouts de doigts, aussitôt confrontés au remboursement d'énormes dettes. Ils survivaient grâce aux dons et la main tendue de l'ancienne puissance coloniale, abattus par le chômage, noyés dans la galère totale, la famine et la honte, et qui vont rapidement déchanter face à la cruelle réalité.

L'indépendance était aussi l'émergence du culte très poussé du pouvoir et de la domination de ses administrés, celui du culte du bien-être à tout prix, de la réussite sans aucune considération des efforts des luttes de libération et d'autodétermination. C'était l'ère des corrupteurs et des corrompus, du népotisme, des faveurs et des ferveurs tribales, de l'affichage dans le vécu quotidien de tout ce dont ne s'était pas attendue à voir la mère guerrière : la négation du sein maternel, le refus de s'accepter descendant d'une ancienne colonisée. L'envie criarde de tout effacer, surtout cette écriture humiliante dans son passé. Comment accepter de telles aberrations alors qu'on est à présent Président, Premier ministre, député, préfet ou commissaire de police en remplacement de l'étranger maître blanc qui « se retire » petit à petit ? Comment se rabaisser au niveau du villageois lorsqu'on est devenu fonctionnaire et directeur, mais non plus roi, notable, protégé de… ? Infirmier, docteur, mais non plus marabout du village ou de la famille ?

Pour lui faire accepter cette situation, l'étranger a tenté de faire croire à la mère qu'à la naissance de ses fils, celui au pouvoir et l'autre devenu opposant, se tenaient l'un l'autre par le talon. Comme l'Arabe et le Juif dans le ventre de leur maman. Derrière les cris de joie et d'allégresse des indépendantistes, de l'euphorie générale des autonomistes, l'on pouvait penser à tout sauf qu'une nouvelle forme de colonisation était progressivement mise en place. La colonisation issue des efforts que l'étranger accomplit à travers la laisse autour du cou de son fils aimé de « l'autonome ». N'est-il pas écrit quelque part « J'ai aimé Abel, j'ai haï Caïn » ?

Le jour de l'indépendance, le colon pris le fils adopté, le fils à parrainer, celui dont il réclame la paternité par le viol sur la maman, et lui offrit le bâton de commandement. Il était conscient d'avoir conçu un hybride acculturé, un esprit formaté, forgé justement pour pérenniser son œuvre de domination. Ce dernier était fidèle à son culte. Il est son apprenti, son élève, son homme à tout faire, un complexé de la politique néocolonialiste digérée. En fait, le bon élève… Un imitateur qui est parvenu à croire que le choix des destins fait par l'étranger-créateur à la naissance est sa planche de salut tant que l'étranger-dieu l'a choisi, lui, pour le remplacer et non l'autre.

Or en vérité, ce dernier l'a choisi pour remplaçant seulement parce qu'il est le faible d'esprit, le moins aguerri à bien gouverner. Il a haï l'autre qui ne se conforme pas à sa politique, et qui n'a point sa bénédiction, qui n'est point formaté par lui. Ce fils au cou roide qui, fidèle à sa maman et profondément soumis à la vision, ne s'est jamais écarté de son rêve unioniste. Il est non manipulable. En réalité le fort d'esprit est son ennemie, un subversif. Plus qu'un adversaire politique de tous les temps, il est cette semence de la rebelle qu'il n'a pu éradiquer de ce monde, celui qui n'accepte pas son culte. C'est pour cela qu'il a vite fait de mettre l'épée de la haine et semer la semence de la guerre entre lui et son filleul.

Par cette astuce, le parrain sait dorénavant ne plus commettre des crimes directement de ses propres mains, parce qu'il aura le bras assez long pour le mal. En réalité, il n'aime aucun des deux : il oblige l'un au parricide et use l'autre par un régime tyrannique. Tenant un bout de la mèche, sous leurs pieds, il verse la poudre, attendant le bon moment pour faire jaillir du feu du fer et de la dynamite. Une fois obtenu un embrasement, le sadique s'habille alors en sapeur-pompier, dans l'intérêt de sa politique néocoloniale. Ou mieux, prend de son temps depuis son balcon à regarder le spectacle, attendant de faire le compte des dégâts qu'il diffusera allègrement dans ses médias. Le vrai visage du régime colonial. Tandis qu'il disait partir enfin, l'étranger a placé son protégé sorti de son école en gouverneur de ses territoires conquis, héritier de son pouvoir, superviseur de son avoir, grand argentier de ses lingots d'or. Il a pris l'autre, l'exposé, et l'a obligé à retourner labourer la terre pour vivre et faire vivre la cité, prolétaire en tout temps et dans tous les âges, d'aller sous la morsure du soleil.

À l'aube de la naissance, au moment où la mère se libérait, pendant que les voix jubilaient de liberté, « l'héritier » remplaçait également le colonisateur sur le trône, en grand tyrannosaure des temps modernes. Il avait bien appris ses leçons. Le sermon de son parraina été clair : ne faire confiance à aucun frère ; ne jamais avoir pitié de la mère sous aucun prétexte ; toujours mater le frère rebelle sous chaque ciel, sous le soleil et sous la pluie ; ne point écouter les conseils prodigués par ces derniers, leur imposer toujours sa voix pour que seule sa volonté soit faite. Car la volonté du filleul est celle du parrain. Puisque le parrain est en le fils, le fils est en le parrain. Toujours se faire applaudir dans les assemblées. Faire le culte de sa personnalité. Dans cette nouvelle politique, il faut montrer sa force par la puissance publique que l'on incarnera, concentrer les pouvoirs afin d'être au-dessus de tous. Ne jamais hésiter à faire disparaître certaines têtes jugées subversives, savoir que le règne se conserve par des promesses et la propagande. Constamment avoir de grands sourires en direction de la masse, le rajeunissement de son image de chef, dans les saluts semblant prendre de court le protocole lors des bains de foule publics. Il faut savoir qu'il est très stratégique de vivre dans l'apparence et dangereux dans la transparence qui démystifie le trône. Ne jamais déclarer ses biens afin de pouvoir se nourrir comme on le veut dans la mamelle nourricière et boire depuis la veine maternelle. N'est-il pas devenu également un vampire ? Il faut toujours avoir des gardes de corps très dévoués et nommer à des postes stratégiques des hommes sûrs, même si ceux-ci ne sont pas compétents. D'ailleurs la monarchie fait la règle de la gouvernance.

Pour mener à bien tout ceci, l'étranger lui a appris quelques techniques élémentaires servant à délier des langues et à briser les résistances. Dans son intérêt, l'étranger a créé un monstre formaté dans le maintien de la logique colonialiste ennemie de la démocratie, qui tue son absolutisme comme ceci tue cela. À cause de sa peur, il ne peut fidéliser les hommes du progrès. Il aime les vassaux et les intimes, tous sortis de son école. Et jouissant pleinement de tous les droits ; vivant avec la richesse familiale sans nullement rendre compte à quiconque ; aimant toutes les choses sacrées en l'humain ; pensant ainsi avoir toujours plus de puissance. Bref, le mandat du nouveau président s'annonça être celui de « président à vie » imprégné de terreur, de sang, d'obscurantisme et de honte.

À l'aube les indépendances, un jour plein de symboles pour cette mère longtemps violée, meurtrie, colonisée et qui se pensait enfin libre. Un de ses enfants, le fils tout-puissant n'obéissant qu'à la seule volonté du fondateur de son rang, un béni-oui-oui, prêta serment. Il était dès lors drogué par des promesses imbibées de la logique de serviteur de la métropole, de toujours se servir dans les services, sévir par des lois et règles prescrites par l'Occident.

Il prenait certes les rênes des destinées singulières et collectives, mais sa quiétude déchanta un peu trop vite avec les soulèvements de ses frères et sœurs. Et aussi l'exemple que certains frères donnaient en administrant des territoires qui n'ont pas du tout voulu pactiser avec l'étranger maître et colon. Le culte d'un seul ne pouvant être celui de tous. Il prit donc en ennemie une partie de sa famille, chassa certains membres loin de leurs terres communes, jeta en exil ou en prison plusieurs autres qu'il qualifia du jour au lendemain de subversifs. L'étranger remportait ainsi une nouvelle bataille. Il y eut une nuit et un jour.

*****

En réalité, il faut être fort pour garder pareil règne nourri par du sang des membres de sa propre famille et la peur d'être renversé. Aussitôt la période euphorique des « indépendances » passée, les fils s'enlisèrent dans des conflits à en ne plus finir. Ils avaient intériorisé la haine réciproque qui leur a été perfusée par l'étranger, ainsi que la méfiance, surtout du moment qu'ils comprirent avoir des visées très différentes malgré le lien maternel et la race commune. Ils sont donc par la culture et la colonisation frères et ennemis. Situation parfois matérialisée par la division des terres à l'aide d'un stylo à bille très habile. L'étranger lui-même aurait du mal à contenir la fracture sociale de cette cocasse expérience, mais pour son intérêt, vend-il l'idée d'une unification dans des « États-Nations ». Idée lui offrant une réelle occasion de mieux exercer la main basse sur ceux-ci en les éclatant de l'intérieur. C'est une très longue marche vers un idéal de société commandant d'affirmer son ethnicité vers une vision de la nationalité et de l'unité nationale.

Au moment où ses violeurs juraient s'en aller, la mère a grandement espéré voir ses fils s'asseoir et discuter sous l'arbre à palabres, casser la kola de la paix, jouir de cette paix, tracer les grandes lignes de leur avenir commun, chasser les souffrances, essuyer les larmes du passé, être fiers d'elle, de ses combats, se remplir de sa sagesse pour mieux gérer les nouveaux défis qui s'opposent à eux dans la nouvelle vie au quotidien, dont ils doivent faire face dans ce monde dans lequel tous les coups sont permis. Hélas ! La géopolitique mondiale ne leur laissa même pas le temps de comprendre leur nouvelle situation qu'ils avaient déjà le poids des tirets d'un vaste complot ourdi contre eux sur les épaules :

- Ne jamais laisser les fils mettre les points sur les i ;

- Ne pas les laisser le temps de planter un nouvel arbre de la paix ;
- Désorganiser leur politique interne ;
- Contrôler leurs affaires extérieures ;
- Empêcher la cohésion nationale ;
- Empêcher leur conscience de s'illuminer et de bloquer la machination mise en place ;
- Militariser et terroriser leurs régions ;
- Éliminer les martyrs jusque dans la lecture de l'histoire, etc.

Des tirets, il y en a tellement que l'on ne peut citer et clore la liste. La tache d'huile la plus visible en ces premières années de règne du fils prince-roi-sultan-empereur-maréchal-président-à-vie est celle qui déshonore le noble combat de leur race. Comme Néron, le fils assis sur le trône disgracia rapidement la mère et attentat à la vie des frères et sœurs opposés à sa manière de gouverner. Il participa même au renversement du frère gouvernant opposé à l'hégémonie du maître colon, ne lui laissant le choix qu'entre exils politiques, détentions administratives et prisons politiques. Son statut étant celui du chosifié, diabolisé, traqué, muselé, interdit de parler en public et même quelques fois en famille, ne pouvant donner de point de vue que dans la clandestinité. Comme il refusait de chanter la chanson du piroguier, qu'il a choisi d'aimer une couleur politique différente de celle du frère au pouvoir, son nom sera banni. Parce qu'il croit en Dieu par des artifices différents de ceux du frère monarque occidentalisé et sectaire, le nom du fils prolétaire rebelle devrait ne plus jamais figurer sur les hautes stèles de la nation.

Il doit être ignoré puisqu'il fait de la « très mauvaise propagande », qu'il dénonce « à tort et à travers », soulève la masse qu'il jette ensuite dans la rue. Et comme la rue se paye la tête du plébiscité en proclamant son guide à elle, une menace contre le trône, aucune autorisation ne doit lui être accordée pour la création d'un parti politique. Il subira aussi longtemps qu'il le faut les effets du règne du parti unique et de la pensée unique. Ne jamais lui permettre de créer un média. Trop dangereux ! Radio, presse, surtout pas une télévision, car ce sont des instruments de subversion de premier choix, d'outrage à l'autorité dont se servirait le fils aigri par l'adoption coloniale.

Ces organes doivent n'être disponibles, et ceci à juste titre, que pour la propagande du pouvoir en place.

Témoin résigné, la mère voyait chaque jour ses fils se ruer vers l'épée fabriquée et vendue par l'étranger, tenant chacun un côté. La lame blessait l'un alors que l'autre remue le manche avec la bénédiction du parrain du haut de son balcon. À chaque coup : « un feu brûle toujours », se disait-il. Un feu qui freine le développement et fait acheter ses armes et sa technologie. Un feu qui détruit après cette même technologie et renvoie devant les bailleurs de fonds pour l'endettement et la dépendance pour un nouvel achat. Ce cercle vicieux s'avéra l'un de ses plus grands et jolis coups. Il voyait le début de l'enlisement : bientôt, ils viendront chacun de son côté lui demander un souffle de vie pour tenir. Seul son sens des affaires parlera à ce moment-là.

Son mérite de déstabilisateur très avisé, c'est d'être parvenu à retourner l'épée du fils président contre sa propre mère. Après avoir envenimé les fils, il pouvait à présent se sucrer de l'héritage, le brûler ou même le brader au lieu de le leur reconnaître. Principal investisseur après les indépendances, ne pouvait-il pas grâce à son génie du mal, facilement amener les nouveaux dirigeants à la confiscation des biens, puis à la privatisation et ensuite au bradage ? Il fallait pour les tenir créer une banqueroute artificielle pour ces entreprises et ces sociétés d'État dont il a financé la création avant les indépendances. Il fallait commanditer la faillite et préparer un génial subterfuge de détournements de fonds qui mettra à genoux les économies tandis que ses banques s'enrichiraient et se développeraient harmonieusement au détriment des nouveaux États. Pour y parvenir, il suffit de couvrir la voix moribonde de la mère, d'étouffer l'amour de la patrie du frère, de la sœur et de développer l'amour de l'intérêt égoïste chez son filleul. Facile ! Pour obtenir tout cela, le même chemin : la mise en confiance, le parrainage, la corruption, etc. Le bla-bla qui ne change pas. La récompense est ce spectacle dont il se gave du haut de son balcon en théoricien et « schématiste ».

*****

55

Les deux fils sont devenus entre-temps bouchers et vaches folles à la face du monde, chacun se méfiant de l'autre. Celui qui tient sa force de la puissance publique de qui prend la route du maquis pour finalement se retrouver chez le même et unique « schématiste ». Concentrés à faire le jeu de l'étranger, il leur manqua eau potable, nourriture, électricité, grandes écoles, centres hospitaliers, médicaments, etc. Mais surtout la paix. Très vite, la majorité de la population est devenue pauvre. On y a vite compté des fléaux que n'ont pas connus leurs ancêtres : inculture, acculturation, pauvreté extrême, famine, prostitution, jalousie, égocentrisme, mendicité, incapacité à subsister par eux-mêmes, maladies diverses ; aussi sont-ils devenus des endettés entretenant des guerres et des rébellions très coûteuses, financées par le colon avec de la monnaie de singe. Au lieu de calmer la faim pour de bons mois, ils priorisèrent plutôt l'achat d'armes à feu qu'ils ne fabriquent pourtant pas. Au lieu de construire des écoles, ils s'achetèrent des avions de combat pour détruire leur propre quiétude. Des budgets rabougris du ministère de la Santé sont détournés vers l'achat du carburant de guerre. Bref, les fils se bornèrent à des guerres inutiles les maintenant dans la misère, vers une voie qui n'est pas la leur. N'est-il pas vrai que qui n'avance pas recule ?

*****

Dans la tourmente de ce temps, cette partie de la terre s'est mise à faire des mioches un peu partout et aux dires de l'étranger « n'importe comment », en période de guerre et en période de trêve. Des enfants que certains jugeaient déjà sans avenir, dont l'héritage confisqué se retrouve au-delà des océans. On pronostiqua et prophétisa même que cette partie des êtres noirs de la terre est mal partie. Pauvre peuple de véritables crève-la-faim dont le nombre grossit sous le soleil des angoisses et du désespoir. Des oublieux s'affichant heureux inconsciemment à la face du monde, avec ses générations sacrifiées tombées de plein fouet dans la jungle humaine la plus dangereuse des mammifères. Le monde « intelligent » frustré, mais prétentieux parla même de pessimisme quant à la survie de la mère et des enfants. Certains prédirent même la fin imminente de toute forme de vie dans cette partie du globe terrestre minée par la famine, des guerres civiles permanentes, de multiples génocides. Des victimes des familles politiques très tyranniques, du recul dans le développement, de la sous-alimentation, d'une couverture sanitaire inexistante, de multiples maladies du siècle actives. Peut-être un jour, dépassés par tout cela, seront-ils poussés au suicide collectif.

Une incompréhension pour ce vaste territoire de plus de 30 millions de km², regorgeant et concentrant toutes les richesses du monde. Une région où coulent le miel et le lait en abondance, dont le climat offre quatre bonnes saisons de récoltes par an et qui est peuplé d'une faune et d'une flore d'une beauté et richesse inestimables.

Leurs savants et analystes occultaient même sa main d'œuvre chaque jour plus qualifiée pour son épanouissement. Ils omettaient même le fait que dans cette partie du monde où la vie est régulée par une pluviométrie abondante, suffisante et un soleil qui ne s'éteint jamais. Un où même la lune envoie de temps à autre des messages aux ancêtres, le temps est l'autre nom de l'Éternel.

*****

Dans la tourmente de ce temps, il faut le dire, cette génération-là était anoxique, famélique, assoiffé, abêtie, « tribalisée », « ethnocentrisée ». Oui, dans la tourmente de ce temps, l'air sentait la cordite. Un rien mettait le feu aux poudres. Les villes explosaient et les morts, visibles de partout, témoignaient de la profondeur du mal ayant gagné les esprits au profit de l'étranger. Le ciel était couvert de charognards. Pour son intérêt, l'ancien colon tenait à faire croire dur comme fer que cette femme et ses enfants sont maudits, frappés d'un mauvais sort, tombés sous le coup de la malédiction du gaz, pétrole, or, diamant, terres rares, etc. Dans chacun de ses écrits, de quelques reportages que ce soit, dans chaque cliché fait, il choisissait toujours des mots et images les plus sombres et les plus avilissants. Disons-le, les qualificatifs les plus durs, les plus consternants de pessimisme dans la projection du futur de cette terre. Il visualisait tout selon ses envies. C'est ainsi qu'il discourait partout pour démontrer que cette race sous la fureur de la fatalité est la race du diable, la maudite, celle qui pourrit tout ici-bas par sa crasse puante. Il réussira même à faire de la couleur de la peau de celle-ci celle de la tristesse, du deuil, des enterrements, du diable. N'a-t-il pas aussi parlé de l'odeur du nègre ?

L'ancien esclavagiste et colonisateur savait bien présenter au monde des cadavres maigrichons des fils et des filles de cette dame, ainsi que des tueries barbares qui s'y passaient. Il ira même fouiller dans son antiquité pour y imaginer quelques cannibalismes, dans le seul but d'occulter la généreuse civilisation dont ce peuple est auteur. Parce qu'il fallait ôter de l'imagerie populaire les royaumes et les bâtisses de cette race. Ses pyramides, ses écritures et ses hiéroglyphes, ses écoles, ses universités, ses royaumes, ses constitutions, ses armées. Les Amazones, ses guerriers, ses palais, sa science médicinale, sa pharmacopée, ses traitements parfois en chirurgie à cerveau ouvert. Mais également ses artefacts uniques au monde et le travail d'orfèvres sur les trônes de ses rois. Les statuts des colosses faits de ses mains. Que dire de ses techniques de chasse et de pêche, de sa culture ou sa nature d'être pensant, etc.

Tout cela fut caché au monde pour que les clichés présentent toujours une horde de sous-alimentés analphabètes, sans abri, abandonnés par leurs dieux et leurs ancêtres. Des sans-abris fouillant dans les poubelles, dormant dans la rue ; ceux que les obus des guerres n'ont pas réussi à décimer et que la rage des décideurs n'a pu raser. L'image montre en plus toujours des politiques très inadaptées, une armée complice de la justice protégeant les tyrannosaures. Vous savez, ces fils perdus ne sachant que torturer et mater dans la monarchie. L'économie en souffre, mais ils s'en foutent. Les finances sont essoufflées, ils s'en gavent. Eux, ils broutent comme des chèvres là où le sort les a attachés. Bref, le but de l'étranger est de toujours montrer que rien de bon n'existe là-bas, même pas sous leur beau soleil et leurs belles plages, car l'eau même y serait déjà transformée en sang.

Tenez-vous tranquille, aujourd'hui encore les habitants du monde occidental continuent à croire que c'est cela la vie et le futur dans cette partie du globe. Ce sont ces images qui défilent en boucle dans leurs médias. Ce sont ces échos que l'on préfère dans leurs réseaux sociaux. Ils augmentent les audiences. Ce sont les images de ces gamins nus, la flèche à la main, le carquois au dos, qui pullulent dans des sites touristiques. Bien que ces images et ces clichés soient dépassés, leur monde s'en gave jusqu'à baver et à rejeter, car leur nature aime la violence et ses conséquences. Surtout la souffrance de l'autre lui procurant le sentiment d'avoir réussi d'être « développé ». Le pied ! Voilà à partir de quoi l'étranger construit ses systèmes et ses courants de pensées depuis des lustres, en présentant à dessein ce paradis comme un coin du monde où le seigneur a cessé de poser ses yeux. Du haut de son balcon, il se disait : « *Ben, le mérite certes me revient d'avoir vaincu dans la bataille de la colonisation, mais je ne suis pas responsable de leur situation, car a franchement parler, c'était inscrit dans le berceau de cette sous-humanité* ». Le comble de l'égoïsme est qu'il soit allé dire à la tribune des Nations combien il est touché par ce qui arrive à cette partie du monde ! Combien il est de tout cœur avec ceux qui souffrent. Le cynique lança même un coup de cœur pour aider ceux qui luttent contre l'adversité du destin. Chez lui l'on chanta contre la pauvreté pour offrir un peu d'argent aux pauvres. Un argent qui ne bénéficia qu'à leurs seules ONG. Ils se mirent même à danser en imitant des cambrures nègres pour se faire plus d'argent. Certains parmi eux prirent leur courage à deux mains pour décrier cette façon de faire, afin de calmer la cupidité de ceux qui pillaient sans retenue. Mais rien n'y changea, si oui en pire. Cela attisa plutôt des appétits voraces avec la création un peu partout des ONG pour sauver les pauvres, créer des vaccins pour ralentir les naissances chez eux, pour avoir plus pour les survivants avec le moins existant. Et, comme l'on fait généralement lors d'une solidarité raciale, les SOS fusèrent de partout, des bras s'accoudèrent, des mains se tinrent en une pseudo-solidarité internationale. Ce fut également la naissance de plusieurs slogans nés de volontés impérialistes : « planning » familial, limitation de naissances, politiques d'avortement à encourager et de tout ce qui pouvait ramener la population de cette partie de la terre à trois fois moins dans les années à venir.

Mais cela ne servit pas à grand-chose. Le problème des malheureux ne s'arrête pas aux manques et manquements du quotidien. Ils souffrent tout au fond de leurs âmes : les sacs de riz parachutés aux réfugiés, ces boîtes de conserve lancées aux affamés, de l'eau potable obtenue pour une poignée de personnes bloquées du fond d'un puits argileux, étaient autant d'insultes. Tout ce dont ils savent pouvoir se fournir par eux-mêmes dans une vie de paix, ne peut en rien changer le sort triste de leur vie. Le commerce de la guerre et l'appât du gain sur les morts parviendront toujours à tout ravager tant que l'Occident reste un croque-mort doublé d'un bon fossoyeur. Il y eut une nuit et un jour.

## La DÉCRUE

Les fils auraient mis un genou à terre, mais qu'en est-il des petits-fils ? Ces nouveaux Africains n'ayant pas connu l'école coloniale ? Cette semence de la rebelle qui n'a pu être éradiquée et qui a fini par germer avec le temps ?

Les petits-fils firent très tôt le contraire de leurs parents. Ils se mirent à positiver et dans l'esprit et dans les actes. C'étaient des hommes d'actions concrets et positifs. D'abord, ils reprirent le combat de la mère contre l'envahisseur, y compris contre leurs propres parents ennemis du combat et de la vision de la Matrice. Un combat pour lequel ils se mirent à réclamer leur paix d'hommes sur terre, à crier à l'injustice internationale, au complot dans leur vie, à ne plus mâcher les mots en publiant les noms sous des visages. Partout chez eux, ils se mirent à demander la cessation des combats, élevèrent la voix pour appeler à la réunification, à l'unification des régions divisées par la plume de l'étranger. Ils voulaient une porte de sortie de crise, une sorte de pan-déterminisme, de pan-optimisme, un appel à unir la famille, à regarder dans la même direction afin de rectifier le tir, à tirer ailleurs que chez soi-même.

La tactique de l'étranger reste celle de diviser pour mieux régner, comme toujours de brûler complètement la mère parce qu'en sa présence les enfants freinent l'élan meurtrier.

La nouvelle génération, celle qu'on qualifia de sacrifiée, compris très tôt que c'est à elle et à elle seule que revient la lourde charge, mais ô combien noble, de renverser les stèles coloniales. Mais surtout néocoloniales. De briser les interdits colonialistes afin de replanter le baobab, l'arbre à palabres, au milieu du village. De réapprendre à casser la kola entre parents pour s'asseoir avec dignité autour de la table des nations et des continents, fière de ce qu'elle est.

Chaque jour l'intelligence était mise à l'épreuve, l'intellect aussi. L'envie du vivre mieux amène à bousculer les choses. Par le courant des événements et la main du destin, comme lors des siècles des lumières, la renaissance criarde fît muer dans ce monde nouveau la mystification du pouvoir en une sorte de libéralisme. Un libéralisme certes contrôlé, de transparence apparente dans la gestion de la cité et des responsabilités comme une prise de conscience énorme des actions de la mère. La réelle signification de cordon ombilical prenait la valeur réelle dans les esprits. Par exemple, les fils ne pouvaient plus saigner la mère sans honte et impunément.

La jeunesse bousculait les choses disions-nous. À un moment, il est clair que même le « bon dieu » appui les efforts d'un combat contre les forces du mal. Des vents contraires, comme des lumières aveuglantes, secouent les hommes et tuent les habitudes politiques trop rétrogrades. Devant le dynamisme des nouveaux, devant leur détermination, les anciens comprirent le temps arrivé de se disputer le fauteuil avec les plus jeunes, ou de le céder avant que les choses ne les quittent. Ce qui ne se fait toujours pas de bon cœur malgré une situation irréversible contre notre orgueil et notre envie de rester grand maître tyrannosaure à vie.

Seulement le temps joue, lui, toujours des tours aux mortels. En effet, il est très naturel que vieillisse une génération tandis qu'une autre grandisse, et avec de nouvelles exigences, une nouvelle vision du monde ou une vision révisée, une prise de position différente. La nouvelle génération exigea rapidement un nouvel ordre mondial, une répartition juste et équitable des biens de la terre, la reconnaissance internationale des torts causés dans des questions d'esclavagisme, de traite négrière, d'impérialisme, de colonialisme, de séparatisme, de racisme, d'exploitation de l'homme d'ébène par l'homme de la neige, de l'enrichissement illicite par des guerres et des génocides imposés, de la « satanisation » de sa race, de son insulte, de son proxénétisme économique, des crachats, etc. Elle veut la réparation des conséquences ravageuses contre sa vie et son bonheur sur terre.

Elle commença donc par déclarer qu'elle ne paiera ni la dette coloniale faite à l'envers, ni celle contractée pour l'achat des armes, ni celle acquise pour la mise en valeur de ses terres par le colon. Au contraire, puisqu'aucune dette n'a été profitable pour elle jusqu'à ce jour, elle demanda restitution desdites terres, la comptabilité en ce qui concerne la fuite de ses capitaux. Aussi, sa part d'intérêts en Euros et en Dollars issus des fonds ayant grossi les caisses et les banques étrangères. Le retour de son or et diamant. Comme le pétrole fait partie de la composition de son sang, et est la raison des meurtres et des tueries de sa famille par l'étranger, elle exigea aussi un Dollar symbolique pour chaque victime de guerres, civiles et militaires. Le compte se fait depuis l'arrivée de l'homme belliqueux chez elle, il y a plus de 600 ans…

En clair, pour ne pas passer pour conne, la nouvelle génération attend des victoires dans sa prise de position et surtout une côte favorable. À chaque fois, il fallut même par la force remuer ceux qui gouvernent partout où la guerre sévit, leur faire tenir compte de la kola et de l'arbre de la paix. À ceux qui font le commerce de la guerre et jouissent des biens et des avantages des disparus, faire comprendre qu'ils auront toujours une dette à payer. Un vrai combat était lancé, sans merci que celui de renverser des tyrannosaures et des vampires, de montrer le faux dans les opinions conçues, dans des préjugés intériorisés, internationalisés, rendus universels, fabriqués pour nuire. Débusquer la bêtise de la guerre qui elle, n'est plus celle des hommes uniquement, mais aussi des religions, des idées, des races, des narratifs, des médias, des systèmes dominants, de la finance. Celle des consciences qui s'entre-tuent pour exister, car ayant pris l'autre pour faire-valoir. Une autre couleur de peau est une contingence dans ce monde. C'est toujours ainsi lorsqu'une race prétendant n'avoir pas de couleur, si oui le blanc comme neige, prétend avoir toute l'existence à elle toute seule. Pour qui l'autre serait de l'Occident frelaté, l'outsider de la course à la perfection, celle qui peut ne pas exister, un tocard qui vient bonnement gâter le tiercé du destin gagnant. Dieu le créateur lui-même ne l'aurait-il pas oublié dans le testament de la genèse des vies légué à l'humanité, version « notre lecture et notre écriture, notre traduction selon notre auteur » ?

La nouvelle génération se posait la question de savoir de qui se moque-t-on quand on vous rabaisse, vous exploite, vous refuse vos qualités intrinsèques de savoir-faire ? Lorsqu'on vous amène à dessein à ne plus croire en vous, mais vous sait droit debout sous l'orage. Quand l'on dit à ses enfants que vous n'êtes pas intelligent, essaie sans succès de convaincre les vôtres avec le même discours, pourtant vous laisse enseigner ses mêmes enfants ? Que par des clichés ahurissants tente de persuader le monde que vous êtes d'une sous humanité criarde, mais court faire des bébés avec vous ? Qu'il s'évertue à démontrer votre état de pauvreté en vivant cependant à vos frais ? De qui se moque-t-on lorsque pour exploiter vos champs et vos forêts l'on vient, chargé de mirages et de mensonges, contre de pauvres paysans n'ayant connaissance d'aucune habitude liée au capitalisme ?

Il n'y a toutefois rien de honteux à être ignorant de la culture de l'autre du moment où l'on n'a pas eu l'occasion de se frotter à elle. Lorsqu'on n'a pas vécu dans son écriture et la lecture de ses caractères alphanumériques. En ce qui concerne la sagesse et sa transmission, elles sont présentes dans toutes les civilisations humaines. C'est tout simplement de la malhonnêteté intellectuelle, du dol, de la cupidité, du profit. S'il est possible de tout remettre à plat, sans interférence négative dans le vécu de l'autre, le monde jugera bien assez vite de l'intelligence des uns et des autres.

Cependant, bêcheuse, la fourmi s'organise. Elle se fait quand même un abri contre le mauvais temps. Elle est capable de revenir cinq fois à la même tâche sans murmurer contre le créateur. Elle sait que le vrai prix sur terre est à la fin des temps. Aucune technologie avancée ne met définitivement à l'abri. Lorsqu'elle reconsidère sa cité, elle se dit : certes ont-ils peut-être 200 ans d'avance sur elle par rapport à une certaine technologie, seulement petit à petit ne dort-elle pas dehors. Elle bâtit, construit lentement, mais sûrement son avenir. Elle sait l'importance de la science, la technologie, la technique depuis des millénaires et découvre celle de la communication. Elle est aussi rusée, intelligente et peut réorganiser sa société déstructurée.

Quel est l'Homme devant l'éternité alors qu'il dure aujourd'hui moins de 150 ans sur terre ? Qu'est-il devant la durée de la terre et de la vie pour penser être arrivé sans savoir de quoi demain est fait puisque le matériel, une vanité, ne protège contre rien ? Le chemin de croix qu'emprunte chaque jour des milliers de fourmis humaines qui abattent un travail exceptionnel sur terre pourrait bien être celui de la réussite.

La nouvelle génération comprenait bien qu'il n'avait manqué à son peuple fort et robuste que la force brutale et létale pour se faire respecter. Une absence de nature belliqueuse pour fabriquer des armes tueuses avant l'arrivée de l'étranger sur ses terres. De la langue fourchue pour se faire aimer, de la technologie et la science qui traquent l'humain et tuent la nature pour être jugé intelligent. Ces êtres de peau à la mélamine fuyarde sont de vraiment différents êtres. Mais la ressemblance n'est plus chromosomique, pas plus que la différence ne fut morphologique. Les êtres créés à l'image du créateur sont tous nés libres, égaux, intelligents, humains, spirituels. Y compris ceux que l'on a voulu faire croire être des bêtes, nuls idiots, nuls cons, imbéciles, à qui la parole a été refusée, la langue retirée par un décret génocidaire impersonnel.

Dans la tourmente de ce temps terrestre et conventionnel, mais dont l'histoire n'a pas de brouillon, les petits-fils, ceux qui font partie intégrante du suc de la Grande Mutante, prennent parole à la Tribune des Nations. Ils lancent l'appel qui sonne le glas d'une époque et d'une considération faussée du monde. Par cet acte sous-tendu par une prise de conscience très poussée de leur situation et de leurs revendications, le message qu'ils véhiculent est clair et sans ambiguïté…

*****

Ceci est le discours du Nouvel Africain à l'adresse de toutes les nations de la terre :

Oui, nous n'avons rien inventé dans ce monde, dites-vous. Que nous ne sommes pas assez intelligents pour inventer la bombe atomique. Césaire a raison. Ni poudre ni canon. Nous sommes des attardés économiques, des marionnettes politiques, le produit de vos tubes à essai. Donc le dialogue Nord-Sud est faussé d'avance. Alors de quoi avez-vous peur ? Le matériel est la forteresse qui protège le monde blanc, notre dépendance sa supériorité, l'acuité de nos besoins artificiels le facilitateur de son existence. L'homme a-t-il peur d'une vache à lait qui suit son sillon du matin au soir en produisant du lait à la volonté de son maître ? Une bovine dont l'effort s'arrête où le veulent l'airain et l'anneau autour du cou ? Mais de quoi est-ce que le monde supposé plus intelligent a donc si peur pour avoir les nerfs aussi à vif ? De dormir un peu trop aisément ? De grossir au chocolat ? D'être victimes de maladies de suralimentation et d'embonpoint ? D'attraper la vache folle ? Pourquoi a-t-il un trop de stress et d'insomnie ? Au moment où sa quiétude doit être totale, elle tremble et se dépense contre le naturel des pays qu'il qualifie de sous-développés. Vous aviez vous-mêmes dit : « chassez le naturel, il revient au galop ».

Tenez ! Nous ne serons jamais des vaches à pis dont la moindre fécondation est contrôlée. Si nous n'avons jusqu'ici rien inventé, n'inventerons-nous plus rien dans ce monde de technologies et de technicités avancées. Or tout se passe comme si la vie humaine dans cet espace terre ne tient qu'à un seul fil : le nôtre. L'Occident vit parce que nous en avons. L'Occident boit à notre source et à notre santé. Lorsqu'il crache, c'est sur nous qu'il le fait. Son autosuffisance alimentaire, notre malnutrition et nos carences, car il est riche en nous appauvrissant. Ses enfants sont en bonne santé comme les nôtres sont malades. Il vit bien lorsqu'il nous donne le mal de vivre. Son vocabulaire est fonction de sa considération de notre existence dans ce monde. Ses politiques titubent, se redressent, serrent les dents, pour ce qu'il aimerait nous voir devenir. Pourtant, il sait que la menace est grande. Il en est conscient. Imaginez une marionnette prendre conscience du rôle qu'elle joue dans l'arène internationale, que la monnaie ou l'or, le diamant, soudain, prennent conscience de la valeur que leur reconnaissent les humains, l'ordre mondial sera certainement chambardé.

Certes, aujourd'hui encore le dialogue Nord-Sud est resté un dialogue ex-colon néo-colonisé, chacun jouant avec réussite le rôle joué il y a des décennies dans le marché colonialiste de dupes. C'est-à-dire, nous avons la matière première et nous sommes à la fin des débouchés, vous êtes l'extracteur, le transformateur, le producteur et le reste… Vous avez le brut, mais nous le produit fini, ceci est une coutume vieille de plusieurs centaines d'années. Mais la question est de savoir qui dominera le monde, le maître ou alors « l'esclave » ?

Voici que toute la logique se plie au fait : le maître ne dort plus. Il veille parce qu'il voudrait contrôler l'esclave, se dépense énergiquement et financièrement s'épuise à vouloir contrôler l'esclave. Puisqu'il aimerait voir l'esclave dormir à points fermés, voici que sa vie est réglée désormais comme le tic-tac de la montre, régulière, mécanique, hors de toute vraie liberté. Chaque jour, il doit chercher de nouvelles solutions pour conserver l'avantage de l'équilibre actuel, pour maintenir la distance et l'écart, chaque jour de nouveaux mots et de nouvelles ruses. Toujours un nouveau discours, le même cependant, celui qui ne convainc plus l'esclave de marcher sur les sillons tracés par lui. Le berger ne se repose plus paisiblement au pied de l'arbre. Il est toujours debout, toujours éveillé. Fatal lui sera le jour de fatigue et de sommeil à venir. Puisqu'il se veut le modèle, il doit présenter des moules convaincants, les adapter à chaque fois que l'environnement change, au climat, aux intérêts. Lorsque les brebis refusent de s'identifier à lui, il doit fouiller dans sa sémantique, des jeux de mots dans ses discours. Bref, il doit être à la une, à la mode et au pas.

Mais les pays sous-développés sont trop dans le naturel. Incontrôlables et infatigables, ils respectent le vœu du créateur qui a dit d'aller et de se multiplier. En effet, que serait une terre sans habitants, un espace peu occupé, à faible densité généralisée, cohabité par des loups, les oiseaux, les bêtes sauvages et la solitude ? Mais l'œuvre divine n'a jamais été vaine. Au galop ! Aux roulements de tambours, le naturel revient avec la menace des damnés de la terre dont le monde blanc a si peur. Leur lit est bien fécond et même le génocide programmé n'est pas à même de les éteindre. Il serait même inefficace devant ce véritable raz de marée né de la situation du pauvre. Lorsqu'on est pauvre, que l'on est démuni, on a besoin de bras. Aussi, tous les discours de l'Occident, tous les maux et leurs sémantiques, toutes les solutions apportées pour sortir le monde appauvri de sa misère galopante se résument à un seul mot : peur !

La démographie menace le monde, la terre, et aussi l'Occident qui sûrement aurait aimé jouir paisiblement de la richesse du sud en castrant un tiers de la population de ce dernier.

Oui, nous n'avons inventé ni poudre ni canon, nous ne sommes non plus de grands banquiers ni de grands industriels, déjà que la technologie arrive chez nous dans des cartons sur lesquels l'on peut lire : « fabriqué en », nous traverse et continue son bonhomme de chemin sans pour autant nous rendre technologiques. Mais si le Juif maîtrise les banques, l'Arabe marginalisé a son pétrole. Nous les affamés du monde, les laisser pour compte, la « plaie » hideuse, mais habitée du monde moderne avons notre arme. Nous, la honte de l'homme pensant, le dépotoir de tout rejet, la marionnette et le temps d'une expérimentation, avons l'arme dangereuse de ce Millénaire. Celle qui ne crache pas du feu, mais gêne par sa présence et ses ravages, irrite, pousse au meurtre, voire au suicide et à la strangulation et tient le monde en respect en complicité avec le temps : la démographie. Oui, la population, les naissances. Avec elle, avons-nous toutes les autres ressources.

Et qui dit naissance dit mort. Qui dit mort dit fin. La fin d'un règne qui a échoué, la fin d'une hégémonie occidentale avancée, d'une époque d'échecs notoires qui s'estompe, le renversement des stèles de la honte des actes barbares d'une espèce humaine essentiellement fourbe et belliqueuse. Le bouleversement des situations antérieures. Mais aussi la germination, le commencement d'une nouvelle ère, la renaissance de l'esprit saine et de richesse commune. L'entrée dans l'ère du verseau. La peur de l'Occident c'est aussi tout cela.

Mais rien de ceci ne dépend d'aucune force humaine. Ni de vous, ni de nous. C'est du naturel. Tout se passe comme si lasse de l'oubli de l'humain la nature se réveille pour rétablir l'ordre naturel des choses. Certes, les confrontations sont inévitables, mais la lutte est perdue d'avance. Elle ne peut que retarder la conclusion qui n'est ni contre-nature ni contre la sanction divine. Aucune force létale, aucune bombe atomique ne peut aller contre. Heureux les pauvres, car le royaume de la terre aussi sera à eux. Ils sont comme un arbre planté dans un jardin fertile qui donne des fruits en toute saison.

Et qui dit peur de la démographie dit afrophobie. J'ai envie de crier tout haut ton nom sur tous les toits. D'ouvrir les fenêtres à tout vent comme un enfant qui voit arriver des soldats de la résistance, la peur tombée, déjoue les vigiles, les cheveux au vent, se met à crier : Afro-phobie ! Afro-phobie !

Afrophobie, par toi nous savons que le monde brûlé du divin peut aussi faire trembler ses frères de la grêle. Tu as su susciter une diarrhée verbale et des discours à la sémantique mensongère. Pourquoi veulent-ils contrôler nos naissances alors que nos espaces sont encore vides ? Cela ne peut être la solution aux problèmes de l'Afrique. Ils parlent de surpopulation pendant que l'Afrique est le continent le moins peuplé au monde, d'insuffisance alimentaire même si la nourriture pilule en Afrique. Assez de cette déformation de l'analyse. L'on ne meurt pas de surpeuplement ni de sous-alimentation dans le monde, mais de mal distribution des richesses et du manque d'amour dans la communauté humaine. Afrophobie, de loin, je t'ai senti venir, apportant la peur et la menace. Ils savent depuis que leur véritable ennemi, c'est toi : limitation des naissances, contrôle des naissances, planning familial, vaccinations stérilisantes. Émancipation de la jeune fille dans le but de retarder sa maternité. Des études et des actions qui se financent à des millions de Dollars américains dans le seul but d'affermir la pauvreté dans le monde et la domination sur les pauvres. Mais toi Malthus, meurs définitivement en Afrique. Keynes y est déjà guillotiné, le naturel gagne du terrain. René Dumont revisite son jugement depuis sa tombe. L'Occident s'emballe et s'étrangle sous le soleil d'Afrique. Petit à petit, la neige fond aussi, la forêt moderne avance, la horde des affamés s'agrandit, le pourcentage s'élève. Et juste ciel ! Un bon matin l'on se réveillera plein à craquer. L'embonpoint n'aura plus sa place. Les pauvres auront vite envahi les riches, mais après les avoir dépossédés. L'histoire se répétera, les immigrés deviendront des propriétaires… Ce jour-là, « *une cuillère pour papa et une pour le passant dans la rue* » n'aura plus de place. Que noirs, blancs, rouges, jaunes, métisses, calterons, blanc-beurs, etc., vont se ruer sur la seule boule de couscous pour ne pas mourir affamés. C'est cela la vraie peur du monde occidental, de se réveiller envahi, dépossédé, à son tour trahi par le cours du temps. Vraiment, la peur d'un avare.

*****

Pour ne rien partager, ils nous disent d'être moins nombreux pour que le peu qui nous resterait après leur pillage suffise à tous. Mais à ma

69

connaissance, la partie de la terre nommée la Chine dont les habitants sont plus nombreux que ceux de la mère de l'Humanité ne s'est pas encore écroulée malgré un territoire trois fois plus petit. Les Chinois ne meurent pas tous de faim. Les Japonais dans un lopin de terre ! Pourquoi les Africains doivent-ils être peu ? Pourquoi doivent-ils être comptables, analysables, énumérables, quantifiables ? À qui sera sert-il ? Nous n'avons pas besoin de tout cela !

Nous sommes nés grains de riz, grains de sable, poussières au vent. L'Occident pollue l'air et nous demande de protéger l'ozone. Il crée des industries et nous demande de laisser nos forêts vierges. Il grille et épuise l'oxygène, mais nous demande de réguler l'air par nos forêts qu'il veut inclure dans le patrimoine de l'Humanité. Quelle arnaque contre le développement des pays dits sous-développés ! L'Occident peuple la terre par chacun de ses populations se chiffrant à des dizaines de millions et nous demande une limitation de naissance. Il nous demande d'arracher des fœtus des ventres des mères, de castrer nos hommes, de ne plus occuper nos espaces, de ne pas vaincre nos surfaces, de les laisser à ses machines, de lui donner des bases militaires. Il va jusqu'à dépenser dans la publicité sous les sceaux de la coopération pour la préservation de l'environnement ! Pourtant, à chaque instant, il déverse les immondices et du poison dans les rivières du monde, dans nos mers, très loin des siennes. Il laisse faire les maladies sur nous, en complicité avec des firmes pharmaceutiques pour connaître leurs cycles évolutifs, s'activant dans des lobbies qu'il contrôle afin d'interdire nos pharmacopées traditionnelles.

Il crée des maladies dans ses laboratoires pour du fric et par amour du pouvoir. Aujourd'hui, il est le premier à nous mener vers la psychose de la surpopulation en prétextant que nous sommes trop nombreux, que nous finissons les ressources mondiales, que nos terres ne pourront plus nourrir sa population dans une décennie. Qu'il nous faille laisser mourir les vieillards comme dans leur civilisation, de cesser de nourrir les invalides comme ils l'ont fait aux temps des nazis. Dans quelle partie de la mère de l'Humanité, cela est-il envisageable ? Dans son mensonge, il dit qu'il faut cultiver trop de café, beaucoup de cacao, du caoutchouc, mais très peu de

Macabo et de patates parce qu'ils nous l'enverront. Le maïs, c'est chez lui qu'il faut l'acheter à présent, de l'oignon importé en boîtes de conserve aussi, de même que du riz surgelé à gogo. Qu'il faille faciliter l'entrée des cartons technologiques sachant que ces derniers poussent aux  emprunts qui étranglent. Son vœu le plus cher est de nous voir acheter de l'eau sucrée alors que nous sommes paisiblement couchés sur nos oreillers en canne à sucre. À nous les calories. Ce mensonge ne ment plus.

Le monde blanc propose, impose, oppose, dépose, dispose, pause, repose, suppose, cause et craque ! Patatras ! Craque et la claque… Le voici en sueur, ne sachant plus à quel saint se vouer. Il tourne en rond, répète machinalement les mêmes mots comme ces fous que l'on croise partout dans nos rues de pays sous-développés. Il a peur d'être envahi, de se dissoudre dans le nombre, de voir ses petits-fils vivre la vie que l'Africain a vécue jusqu'ici à cause de sa cupidité, de les voir changer de race avec la mixité obligée. Ses frontières ne peuvent plus rien pour protéger son patrimoine amassé par le pillage, le vol et l'escroquerie. Il a cru se réfugier derrière un visa qu'il ne cesse pas d'être envahi. Il sait que si nos terres ne peuvent plus supporter les nouvelles naissances, les premiers-nés iront habiter chez le voisin. C'est une résolution exigée, née de la dette coloniale.

Jadis, ils nous enchaînèrent pieds, mains et cous liés et jetèrent l'ancre depuis l'île de Gorée ou de Bimbia. Ils nous voulaient chez eux, nous refusions de quitter le chez-nous. Alors, ils nous fouettèrent à mort parce que nous prônions le chacun chez soi Dieu pour tous. Pourquoi nous repousser à présent ? Trop tard. Nos barques ont déjà levé les ancres. Nous serons partout aussi nombreux que les fourmis. S'il y a une race qui se retrouvera partout dans ce monde, ce sera la nôtre, celle de la « horde des affamés », des voyageurs, des premiers-nés de la terre qui traversent le temps.

Ça alors ! Pourquoi ces convulsions et ces contorsions, cette phobie, cette négrophobie, cette hystérie, cette agoraphobie ! ? Regardez l'Occident atteint de paranoïa pendant que nous ne voulons rien qui ne soit à nous. Pour vous, ce sera de la dette coloniale à payer. Tenez ! Ce n'est pas nous qui avions divisé le monde en deux. Notre dépendance n'est pas de notre cause. Pourquoi regardez-vous où notre chute nous a menés, mais vous désintéressez-vous de qui nous y a menés ? Quelle belle ironie du sort ! Jules Ferry renaît au début du 3ᵉ Millénaire. L'expression « le fardeau de l'homme blanc » a à présent toute sa signification. C'est le poids énorme que supporterait l'homme blanc s'il se dresse contre les moyens justes et nécessaires que possède l'homme noir pour son bien-être et son vivre heureux et libre sur cette terre. Et ce fardeau pesant est si pressant qu'il faut vite faire de peur que le sud, plante grimpante, lierre de nature, n'occupe toute la surface de la terre. De peur qu'elle ne mélange les races, ne les efface, n'infeste tout le navire spatial Terre à la recherche de sa part d'énergie solaire. Nos couches sont fécondes et nous sommes nomades, souvenez-vous-en.

Nous sommes le dôme de la race humaine plongeant ses racines dans toute la profondeur de la terre, qui ne peut être « génocidée » sans faire imploser le monde. Nous sommes ces géants tranquilles de la forêt qui tombent sur les petits bruyants du monde.

*****

Bienvenue à l'heure de l'afrophobie, cette peur venant de l'Afrique. Cette menace sourde qui imprime dans votre esprit la réalité de l'heure de l'afrocentrisme. Heureuse prise de conscience que la conscience africaine ouverte. L'étranger a peur que nous ayons pris conscience d'être le centre des enchères du monde ? Mais nous sommes à l'heure du verseau ! Sachez que la menace de la grande mutante n'est pas encore technologique, électronique. Celle-là également arrive. L'étranger a peur du nombre chez la grande mutante, car celui-ci envahit, divise et dépossède. L'Occident a peur surtout de la multiplication, parce que celle-ci est sa chute. Le nombre fait des concurrents, créer de nouveaux partenaires, dévore les espaces, installe les usufruitiers un peu partout, les cohéritiers. Il brise les barrières, fait tomber les frontières, fait une sélection qualitative des enfants du berceau de l'Humanité qui se répandent partout sur la terre comme un parfum emporté dans la course du vent, sans façon, sans complexe, intelligemment.

Mais le nombre crie dans nos ruelles sombres pour le bonheur des amoureux du soir. Il pousse le cri d'un nouveau-né sous nos toits à chaque heure, dans les draps et même dans nos églises. Le nombre hurle lorsque la journée a été longue, lorsque la famine a été sans merci, dans les coins sans distraction, là où la guerre étale chaque jour depuis des années la mort. La quantité est l'espoir reposant sur de nouveaux bras, quand l'alcool n'est plus assez efficace pour faire oublier les fœtus tués, ces souvenirs qui nous hantent, l'anxiété qui n'épargne personne. Le désespoir ronge toute vie et l'angoisse existentielle est intensifiée par nos actes.

Le nombre crie au moment où il pisse sur nos toits, dans toute la mollesse du chômage, dans la tristesse des maladies, la peur de mourir jeune et sans descendance. Dans le rétrécissement brutal et progressif de l'espérance de vie, dans la sécheresse de nos espoirs, seul l'amour sauve. L'amour panse nos plaies, sauve notre paternité, élargit nos espaces, renforce nos puissances, fait sourire nos femmes et nos vieillards, apporte un peu de joie dans leurs cœurs, moins de tristesse dans la famille. L'amour crée le nombre, la division dans la multiplication nécessaire pour survivre jusqu'aux générations plus heureuses, car lorsqu'on est appauvri et frustré, il vaudrait mieux s'allier à l'amour. Il fait naître une nouvelle semence.

Or de l'autre côté, parce qu'on a peur de ne plus être « heureux » tout seul, on dit que le sud se remplit trop vite alors qu'il va plutôt trop lentement. Ils trouvent qu'il se surpasse, qu'il se surmène or c'est le maître qui se surmène de surveillance et d'insomnie. Ce dernier devra dans sa course effrénée pour le matériel peser l'enjeu : accepter le partage juste et équitable ou tout perdre certainement un jour, car dans la lecture du temps, nous voyons l'espace déjà se rétrécir autour de l'escroc. Il n'a même plus où poser sa plante des pieds. L'Africain est partout ! Le pauvre est devenu l'envahisseur, celui à qui on a tout pris ; le dépossédé poursuit ses biens. Comment voulez-vous qu'il restât sur place à attendre ? À espérer ? À rêver ? Toute sa richesse s'envole. Pour survivre, il a compris qu'il faudrait non seulement suivre le même itinéraire qu'elle, mais si possible émigrer en même temps. Alors ! Vamonos ! Il y aura place pour tout le monde là-bas chez le voleur.

Barricadez-vous, faites parler le législateur, protégez-vous d'une barrière de lois, lancez des chiens que cela ne vous sauvera guère du trop-plein, car le riche pense toujours être le plus malin. Pendant des décennies plus de 60 % des enfants de la mère de l'Humanité ont vécu dans la pauvreté, 30 % dans la totale misère à cause de vos actes et de vos haines multiformes. Le paludisme tue encore chez elle, l'eau potable est d'une rareté incroyable, la majorité de sa population est jeune, en âge de travailler ou de procréer pourtant sans emploi et sans sécurité sociale. Aucun homme politique ne s'élève en grand homme pour guider la masse sans être assassiné par vous, personne pour diriger les générations en mal de vivre, et vous osez dire aujourd'hui que chacun reste chez soi ? Quand cela ne se peut pas en mathématiques, on emprunte une dizaine : le doux sommeil, le café chaud au réveil, un travail décent qui éloigne des trois grands maux, une maison qui conserve au chaud ou protège contre le froid, des enfants qui grandissent en pleine santé, une situation sociale bien déterminée. Que ceci est le rêve réalisable pour tout homme dans un monde meilleur. Parce que la réalité est devenue tout autre chez nous, alors, jetons-nous l'ancre chaque jour. Ce pourquoi quittons-nous ce qu'il y a de plus cher en nous, ce que nous avons de plus cher pour gagner ce que nous risquons de perdre sur terre : notre dignité. Mais également notre respect, la reconnaissance de notre humanité, le statut de l'humain libre jouissant de tous les droits sacrés et inaliénables.

Nous tenons du haut de cette tribune des nations à vous rappeler que nous avons assez souffert sur cette terre et dans ce monde. Est-ce nous les enfants du pécheur et de la race maudite ? Quand avions-nous versé le sang des saints pour être condamnés à la géhenne promise aux damnés de la terre ? Pourquoi vous nous persécutez autant ? Pourquoi vous nous persécutez autant ? Partout, vous nous haïssez, vous nous terrorisez. Jusqu'où irez-vous pour nous refuser l'air sur cette terre, pour nous réduire l'espace dans ce monde ? À force de nous pousser à bout, vous faites de nous vos futurs terroristes. Déjà que la peur chez vous se déclenche chaque fois que nous levons l'ancre…

Nous voici arrivant de partout, par tous les ports et aéroports, reprenant l'itinéraire que nous empruntâmes des siècles passés. Vous vous en souvenez ? Nous avons pris goût à l'aventure et même vos lois ne nous effraient plus, car seule la loi de la nature prédomine. Alerte aux xénophobes et à ceux qui n'ont pas encore perçu en ce mouvement et à cette allure avec laquelle vont les choses, l'avènement de l'universalité des races. C'est le vrai début du rendez-vous du « donner » et du « recevoir » des traîtres. C'est fini le séparatisme des races, la méfiance des cultures, la lutte des civilisations. Le barbare est mort. Eh oui, Cheick Amidou Kane, « l'ère des destinées singulières est vraiment révolue ». Que chacun ouvre réellement les yeux. Il n'existe plus de civilisation basée sur une culture épurée, même pas sur une culture originelle, encore moins sur une race pure, car l'homme est sa culture, la civilisation universelle sa race. Trop de gènes manipulés, de chromosomes culturels retouchés et même… Trop de sang manipulé et distribué, de gélules et de drogues ingurgitées, de livres lus, d'histoires écrites et réécrites. Le monde est devenu un petit village où des kilomètres de distance se réduisent à des secondes via une touche de téléphone portable, de vidéophone, de télévision, des kilogrammes de mémoire à la disposition de tous à la seconde. Nous sommes tous des hybrides culturels. Ce qui fait de nous des cas sociaux que vous niez être. Nous sommes conscients de la possibilité de la connexion dans vos systèmes, mais ce sera à quel coût ? Nous acceptons aussi cela. C'est nous le vrai casse-tête terrestre, car avec nous ça déménage dans la tête, dans le sexe et dans la vie. Une fois encore, sachez ne plus vous inviter chez nous.

Mais puisque vous y êtes venus sans autorisation et firent des choses à votre guise, acceptez également le revers de la médaille quand le piège de la nature se referme autour de vous.

Vous avez non seulement exploré et souillé nos terres, mais en plus, aviez ravi nos braves hommes, confisqué nos terres, mis à mort nos dignitaires. Vous avez balkanisé notre mère, volé dans ses entrailles du jus des enfants, déstabilisé nos sociétés jadis en paix, installé des guerres ayant rendu nos territoires des lieux d'expérimentation de vos missiles de croisière.

Vous y avez de même installé la peur, la convoitise, la famine, l'envie, la cupidité, la jalousie, la mésentente, le matérialisme et l'individualisme. Et dire que c'est sur nous que les dieux sont tombés sur la tête ! Vous avez mené nos sociétés vers une extrême politisation, et installé une police avec des ramifications très meurtrières. Aujourd'hui, vous nous voulez langue coupée, nez pincé, yeux percés, oreilles bouchées, mâchoires enfoncées et cris sans son. Des martyrs qui ne témoignent pas ou cette foule qui ne sait faire foule que lorsqu'il faut chasser du pouvoir celui qui ne sert pas vos intérêts. Pouvez-vous réparer tout le tort causé par vous à leurs parents ? Aujourd'hui lorsque nous avons faim, vous nous dites de rester chez nous, quand nous cherchons du travail, de rester chez nous parce qu'il n'y en a plus chez vous. Et quand nous étouffons par la cordite et l'odeur de la poudre polluant nos airs à cause de vos gros mensonges et vos manipulations de va-t-en-guerre, que nous dites-vous ? Quand nous voulons un peu d'espace sans ciel de conflits armés, vous nous dites qu'il n'y a pas de place chez vous. Cela revient à demander à la fourmi de rester coi devant un carré de sucre ou à la lisière de demeurer naine au soleil.

*****

L'Africain, le jeune Africain, rampant sous des débris de guerre, l'estomac vide, ayant perdu sa famille, ses amis, voyant son pays être détruit par des guerres civiles que vous avez créées et financées, échoue à vos ports est repoussé. Celui bravant vents et hautes marées à la poursuite du trésor de ses ancêtres volés sur ses terres, avide de dignité et de rêve, sans visa, sans papiers, est rapatrié après tant d'efforts et de vicissitudes de la vie. Le monde ferme ses yeux devant le pourquoi de nos départs.

Moi l'Africain, je suis un enfant égaré dans l'arène géopolitique, dont toute l'enfance a été étouffée par des bombes venant d'ailleurs. J'ai grandi plus vite que mon âge. J'ai fait la guerre de la rue avec des copains qui ont eu moins de chance que moi. Et, à l'âge où l'on vous fait avaler votre tasse de lait ou vous fait coucher sur des draps sentant la lavande, la vie me jetait déjà dans la rue froide. J'y ai vu des régimes aller et venir, grandir et éclater, disparaître ou changer de nom, connaître de couleurs politiques diverses. J'ai vu des gestions sociétales sorties des tubes à essais occidentaux nous envahir pour des intérêts stratégiques ou expérimentales inconnues ni de moi ni de ma communauté. Quand tout éclatait, j'étais là avec mes culottes trouées derrière, toussant au lacrymogène, pleurant de dépassement. C'est à cet âge-là que j'ai connu des slogans politiques, les guerres dévastatrices, les journées de famine et les villes mortes.

Je suis de la génération des « ique » et des « isme », celui du langage politique et du recours égoïste. Pourtant, je ne demande ni une aide alimentaire ni une remise de peine. Je lutte contre du riz que l'on nous parachute en même temps que des gaz nettoyant nos rues assez sales de mômes de la rue. Avec force, je m'identifie dans nos colonnes de réfugiés et dans notre statut d'enfant sans avenir stable. Oui, j'accepte notre statut d'enfant de jeune vierge violée. Que ce que je veux, c'est qu'on rende à celui que je suis son enfance, celui qu'ont droit tous les enfants du monde entier. Que l'on me dise pourquoi j'ai été sevré par le meurtre de ma mère. Pourquoi je n'ai droit à aucun autre pays d'accueil que celui dans lequel j'ai grandi ? Pourquoi ma ville natale est passée sous les bombes et pourquoi est-ce que mes amis d'enfance étaient réveillés la nuit tombée devant des magasins ou le long des ruelles sombres du Kivu, de Mogadiscio, de Kidal ou de Soweto. Où les amenait-on une fois qu'ils sont capturés et cagoulés ? Ils ne revenaient jamais. Dites-moi pourquoi je suis seul au monde et sans juste lendemains ? Que je sois plein de mon passé et méfiant envers mes semblables ? Moi qui ai tant d'amour à donner, que mon présent ait assez de mon passé qui me ronge ? J'étouffe pourtant ce cri d'horreur, de peine et de haine qui montent à mes lèvres. Beaucoup d'intérêts égoïstes maltraitent les régions de la Grande Mutante.

Des combats aveugles : Rwanda, Congo-zaïre puis Congo démocratique, Sierra Leone, Tchad-Libye, Côte d'Ivoire, Algérie, Mozambique, Angola, Niger, Soudan, Éthiopie, Afrique du Sud, Namibie, Nigeria, Cameroun… Et lorsque nous tombions, c'était à un mètre sous terre. On t'y enfonçait sans sépulture pour vite tout oublier.

*****

Or voici que l'enfant de la guerre ayant connu des politiques machiavéliques des aînés parle encore en moi. Il éveille ces souvenirs enfouis en moi que je n'ai jamais oubliés. Il évoque cette enfance qui s'est gâchée en courant de gauche à droite, à faire du jogging forcé, mettant en péril ses années précieuses dans les rues de la mort et du sang. à jeter les pierres et à se boucher le nez, à fuir et à esquiver le jet d'eau qui démange, à souffrir, à se battre pour faire triompher les idées d'un autre malhonnête que nous protégions en nous exposant. Pourquoi n'avons-nous jamais été proches de nous-mêmes ? Voici que tout jeune semble aujourd'hui en vouloir à ces discours creux de grandes personnes oublieuses. Je sais lire, écrire et compter, bien que mon enfance soit passée par les armes comme Um Nyobè sous les balles de l'étranger. Je sais également que mon enfance a porté le chapeau sous la torrentielle pluie de jets d'eau des anti-émeutes et des balles, des grenades de dispersion, des bruits de bottes des anti-émeutes. Nous jouions au cache-cache avec la police, les pierres pleines les mains. La nuit, pour nous sortir de la peur de se faire prendre, passer par la case torture et même de se faire mutiler une jambe, jouions-nous alors à faire de grandes torches incendiaires. Ainsi toute la nuit, la ville était morte, dangereuse, silencieuse, en état d'urgence, au couvre-feu, mais illuminée par des torches brûlant de partout. Pendant ce temps, les vitrines tombaient pour notre faim, pour notre soif. Pourtant, ce n'était pas notre guerre. C'était la leur. Celle des tacticiens, de divergence, des combats d'opinion, celle du contre idéal géopolitique, des batailles des cultes. Un problème de choix d'hommes et des politiques. La guerre de la culture occidentale et pour les intérêts occidentaux. Le lieu où le combat se passait avait trompé les parents, mais pas le Nouvel Africain.

Pour cela le monde occidental tremble. Il voudrait même tuer le remords d'une conscience de la dette coloniale qui pèse malgré et contre tout. Regardez tous ces pays pris de xénophobie, de négrophobie, d'afrophobie, tisser des barrières de loi partout autour d'eux. Regardez les faire de leurs villes des monades. Lorsque l'Africain échoue à leur port, ils lui disent de rentrer chez lui. Lorsqu'il escalade leurs murs, ils lui disent qu'il n'est pas en règle et quand légalement, il vient demander un visa d'entrée, ils lui demandent « pour aller où ? ». Alors pourquoi faites-vous autant de zèle chez nous ? Pourquoi faites-vous tout et tout pour nous empêcher de rester chez nous ? Pourquoi semez-vous la zizanie dans notre continent ?

Du haut de cette Tribune des Nations, je suis fier de vous dire que mon continent était un fauve endormi dans une cage aux barreaux bien espacés. Beaucoup ont pensé que Le Berceau de l'Humanité ne se relèvera pas des coups portés en son sein. Ils ont voulu nous faire accepter dans l'intimité de notre conscience ayant subi autant de mutations que les possibilités insondables de la folie des hommes était fichue. Leur seule issue, la seule échappatoire, est que nous acceptions le statut de sous-humains, de continents frappés par le mauvais sort. Et aussi, que nous ayons constamment dans nos esprits le narratif selon lequel rien de grand n'a été fait dans cette vie par un noir.

D'emblée, sachez que nous refusons d'être ce que vous voulez que nous soyons, de nous sentir comme cela vous va, de nous naturaliser de ce que vous jugez bon pour nous.

En ces premières lueurs de ce 3ᵉ Millénaire, la matrice longtemps endormie se réveille, parle par la bouche de nouveaux Africains et menace la quiétude et l'existence de ceux qui pensaient avoir pris le pas sur elle. Dans son sommeil, elle s'est chargée de tout : de crachats, de perfidies, de parricides, de déchirements, de guerres, de famines, de hontes, de malheurs de toutes sortes et de moqueries de tous. Elle était avec des griffes rétractées, sans défense et présentait toutes les faiblesses et toutes les plaies que puisse présenter un espace maltraité et une espèce menacée. Elle s'est enrichie plus qu'aucun autre sur terre. Elle a une histoire riche, fournie et très particulière qui pourrait inspirer un film à rebondissements, être acteur dans un best-seller. La matrice du monde est votre pierre d'achoppement, mais surtout une occasion de chuter pour tous ceux qui ne veulent arracher ni l'œil ni couper le bras qui les fera entrer totalement et entièrement dans la perdition. La poursuite du trésor africain est pour vous une poursuite du vent. En vérité, vous verrez vos belles sociétés, vos belles cités, tout votre peuple, entrer en dysfonctionnement alors que l'illusion vous mènera au paroxysme de la puissance et de l'éternité. Déjà, voyez ce que deviennent vos sociétés et vos mœurs. Le matériel vous enlise et vous aveugle en vous faisant créer de belles sociétés, mais creuses, très fragiles. Votre puissance temporelle, votre illusion.

Le Nouvel Africain se refuse donc d'accepter ce jeu auquel ses pères ont été victimes. Je l'ai avoué depuis, nous n'avons rien inventé, rien cousu et rien modelé. Tout ce que nous pouvons produire est une population toujours plus additionnée afin de récompenser les pertes en moyens humains connus tout au long de la déportation sans toutefois méconnaître les chemins suivis. Je pense aux routes et les villes à travers lesquelles nous avions jadis eu nos premiers crachats, ces lieux de crime et ces ports qui nous ont marqués, les pays des coups de fouet et des crânes rasés. Nous devons être nombreux pour visiter partout à la fois, touchez du doigt, protégez l'histoire du monde les lieux du crime contre notre race pour que le criminel n'efface pas ses empreintes et ne nie pas son crime. Il nous faut de petits foyers un peu partout où notre crasse est marquée. Cela, nous le ferons même si vous fermez vos frontières.

Vous voulez l'Afrique ? Les Africains viennent vers vous. Vos villes sont assaillies au point de rouler sur l'or d'ébène, d'en être amoureuses et dépendantes.

*****

Aussi l'étranger s'attelle-t-il à vouloir sauver les acquis de son matérialisme, son seul appui de dignité et son reflet de puissance parce que c'est cela le socle de son apparence. Le canular n'a tenu qu'un peu de temps dans l'histoire du monde qui s'accomplit encore chaque jour de son pas lent. Le cours de nos vies communes n'a peut-être pas encore rempli une seule page des feuilles qui lui sont réservées. À Présent, l'histoire nous est révélée dans son mouvement : c'est l'eau de la mer qui accomplit le va-et-vient de la marée haute et la basse. Les crues et les décrues. Une eau qui va à gauche à un moment de la journée et revient à droite à un autre, chaque jour, avec la seule ambition que de traîner d'ici à là, déplacer ou replacer tout ce qu'elle a en son sein.

Aussi était-elle descendue à droite, y laissant tout le jus de son cours, d'une descente qui a passé du temps, des millénaires et qui a pris du temps. C'était pour eux une crue et bien évidemment la décrue était la nôtre. Sans eaux, la circulation était rendue difficile chez nous. La vitesse était lente à cause de la perte du moyen essentiel de la navigation. Le courant nous entraînait plus tôt vers la crue et je cite la déportation, l'immigration, la fuite des cerveaux, la fuite des capitaux, la fuite des richesses, l'exil… Mais le courant devient lent déjà, la crue a cessé chez eux sans qu'ils soient ni au summum de la modernité ni à celui de l'humanité. Encore moins à celui de l'éthique. C'était tout simplement l'âge de l'embellissement. L'on a préféré l'emballage à l'emballé. Le courant de l'eau de l'histoire du monde prend un affaiblissement indiscutable vers chez eux. Seules les dernières secousses d'un monde devenu fou s'y font encore ressentir, des cris de l'homme qui s'est perdu, qui ne peut plus faire taire le gong du glas qui sonne la fin de la crue.

*****

L'eau a depuis quelque temps repris la course en sens inverse. Les premières eaux remontent toujours lentement, mais bruyamment. Le bruit est parfois étourdissant. Dans le cours se mêlent les dernières eaux qui s'inscrivent dans le passé, écrivant les dernières pages de ce passé d'échecs, se mélangeant aux premières eaux qui commencent à écrire les premiers succès de la nouvelle crue. Certes la continuité de l'histoire est effective, mais dans le renouveau, dans la naissance de la nouvelle histoire. Le spectacle des eaux qui tournoient autour d'elles-mêmes, celui du mélange avant le rejet, de la lutte qui s'accomplit toujours dans la fournaise, est beau quoique douloureux. Nous sommes dans cette renaissance difficile, lente, mais irréversible comme l'irréversibilité du temps. Le temps de la décrue des eaux, le temps que prendra le tourbillon fascinant sera encore du temps à inscrire dans les annales du monde. Nous sommes convaincus que l'eau a repris le chemin vers ses origines au moment où la mauvaise foi et l'instinct de conservation vous poussent à ne pas abandonner, à vous agripper au vent, à attendre chez nous la prochaine crue.

Cependant, le mouvement de l'histoire est révélé comme les écritures de l'apocalypse. Le monde bouge et nul ne peut en dire si mieux, que l'histoire est en mouvement et ne semble pas contrôler les effets bouleversant du mouvement des eaux. Et ces eaux ont des vagues qui grignotent chaque jour l'étendue de nos possibilités. Elles nous donnent l'illusion d'aller vers un monde meilleur où les continents fusionnent en un village planétaire alors que la langue pelleteuse de ses vagues entraîne un peu plus chaque jour une partie de nous dans ses flots. Les continents se rétrécissent et s'espacent entre eux, les eaux prennent de l'espace, toute l'étendue de nos actions de destruction. Cette illusion que nous donne le cours de l'histoire est une moquerie de la vanité qu'est la poursuite du vent sous le soleil. Comme toujours, pas un seul homme, pas un État, pas une seule race n'en est enrichie. Les dominés domineront. Les dominateurs seront dominés et le tamis de l'histoire interviendra pour que les justes possèdent enfin la terre.

*****

Alors de quoi avez-vous peur ? Que l'histoire ne s'accomplisse ? Que l'eau ne remonte le cours du temps ? Que la décrue ne change de camp ? Que l'Afrique ne se taise de ses bruits de guerre récurrents, de ses crises de réfugiés, de ses lamentations ? Qu'elle n'appuie la touche pause malheur ? Ou alors avez-vous perçu le sens véritable de l'histoire de ce monde qui voudrait que lorsque remonte l'eau, la décrue ne présente le limon de votre culture malade ? Qu'elle ne laisse derrière elle, là même où elle fit un moment sa générosité, la poisse et les lamentations ? Des bruits de guerre ? La dépendance et les malheurs ? Tout ce qu'aujourd'hui, j'appelle de l'euro pessimisme, de l'occidentalo-pessimisme inavoué. La fin de l'hégémonie occidentale ? Votre survie dans le bien et la morale propre est en jeu. Vous mourez à petits feux, saoulés de matérialisme, à cause de vos envies boulimiques.

Il est temps de cesser de voir le développement avec des critères qui veulent qu'il n'en soit seulement lorsqu'il n'y a pas de guerre, de famine, de taudis ? Uniquement lorsqu'il n'y a pas tout ce qui rappelle le sous-développement selon les critères occidentaux. Ce sont vos critères. Pourquoi voulez-vous que nous les épousions alors qu'ils sont là pour classer vos sociétés supérieures aux nôtres ? Ajoutons aujourd'hui ce que l'Africain nouveau considère nuisible pour le monde. L'occident est sous-développé dans la mesure où toute sa société vit contre-nature, vis à l'heure des drogues dures, spirituellement abusé, psychiquement fatigué. Elle est sans repères spirituels et a une âme creuse. Son bien-être ne tenant qu'à de l'empirisme, à sa réussite matérielle, à ses immeubles, ses innovations, à son aisance à se payer une cuisse de poulet au marché et une bonne cuisse au bois de Boulogne ou à Hollywood boulevard ; à sa vie sacrilège. Il sait bien que sa population est écœurée de vivre cette vie, mais refuse d'accepter qu'elle soit malade, en masquant tout ceci par une belle couverture, mais d'une pacotille fragile. Il suffit de gratter le vernis moins épais qu'on ne le croit pour comprendre le truc. Ses penseurs savent avoir pris une route sans issue. D'avoir entraîné le peuple vers l'impasse parce qu'ayant cru détenir le monopole de la sagesse et de l'intelligence au moment où la sagesse crie-t-elle toujours dans la rue.

Ses sociétés sont sous-développées non seulement au niveau de l'éthique, mais également à celui de l'immortalité et de toute l'immatérialité. Elles n'ont pas compris qu'en cherchant le spirituel tout le reste leur sera donné en plus. Elles ont la science sans la conscience. Elles sont malheureuses, car forgées d'âmes creuses. Par conséquent, sont aujourd'hui devant la peur de l'échec.

La spiritualité de l'humain, être vivant dans le monde, fait de chair prison des tentations n'est aucunement un rejet de la matérialité. Il est vrai que l'homme est condamné à lutter pour l'amélioration de ses conditions de vie cependant, il ne pourra arriver au bonheur en le divisant. Ce dernier ne peut y parvenir par l'aisance dans le matériel seulement ni dans la méditation avec une chair qui souffre et qui a des envies non comblées. Le bonheur s'accomplit sincèrement dans un tout matériel et spirituel. C'est en quelque sorte pourquoi est-il divin, l'idéal de l'humain.

Cependant l'harmonisation de ces deux réalités entraîne une vie beaucoup plus heureuse et plus humaine parce que l'humain existe pour être heureux et sur terre l'être évidemment. Tout est réuni pour cela. Or l'étranger a préféré vivre de sa nature belliqueuse, vicieuse, quoiqu'il ressente et qu'il soit convaincu qu'il y ait possibilité de vivre autrement. Il espère même cela. Mais beaucoup de ses actes ignobles devront suivre une certaine logique d'accomplissement pour sa purification. Il a des habitudes ancrées en lui et des préjugés conçus avec dessein par lui. Il doit réaliser avec la nouvelle crue que l'homme domine sur tout, même sur la volonté du mal et sur celle de vouloir vivre faussement. Car tout ce qui est né de Dieu, à l'image de l'Éternel triomphe du monde et de son orgueil.

Aucun humain n'est encore parvenu à l'immortalité. Personne ne vit bien éternellement. Peut-être y a-t-il des malheurs plus visibles et des bonheurs moins médiatisés, mais toute l'histoire du monde reste à s'écrire à l'encre de l'éternité. L'avenir et le futur sont insaisissables pour tous et restent à définir. L'histoire n'est sous le contrôle de personne et le développement reste à définir sur le bien, le moralement correct. Et non sur le faux et la démonstration d'une fausse joie de vivre son mal-être. Encore une fois ces critères sont les vôtres.

Enfin, la paix est donnée et non acquise. Le bonheur est un don du ciel, une grâce. Vous êtes le matériel et nous le spirituel. Voici le sens de la révélation : le spirituel est plus proche du bonheur que le matériel, de même comme la conscience est plus utile au monde que la science dans l'édification de la paix et du bonheur au quotidien et pour l'éternité.

*****

L'Afrique aura son matériel à partir de la décrue qui s'annonce chez vous. Ce que vous faites du monde actuellement pousse à croire que vous n'avez reçu aucun don de la spiritualité. L'un des indices irréfutables est que votre règne a péché de toute ascèse éthique. En effet, voyez ce que vous avez fait du monde ! Un champ de batailles perpétuelles, des sociétés qui se complaisent  dans le vice. Une lutte perpétuelle pour la domination de l'autre.

Vous avez bâti votre puissance sur la force de l'injustice et l'exclusion de l'autre sous des oripeaux de la démocratie. Je vous le dis les yeux dans les yeux : gouverner pour vous, c'est verser du sang et tuer des consciences comme si l'histoire du monde doit être uniquement axée sur les rapports de force et la quête de la domination du prochain. Vous présentez l'image même de la perte et sur votre front, je peux lire le chiffre de la bête.

Mais tout ce qui est couvert sera découvert. Alors faites donc des prières pour vous exorciser de tous les démons qui vous habitent et cessez d'intervertir les étiquettes. Le monde ne souffre pas parce que le noir y vit ni à cause de l'existence du pauvre. Encore moins comme l'asiatique et l'Indien y croissent. Mais au contraire, il est mal à cause de la folie d'en être le seul maitre en excluant toutes les autres races de la terre.

Il suffit de compter et d'analyser les maux dont souffrent les humains pour définir la nature du caucasien dans sa névrose et ses complexes. S'il a brillé un temps par la technique, il est un piètre samaritain. Les valeurs utiles à l'homme sont dans le cœur et non dans la couleur des yeux. Le monde entier sait ce que vous êtes maintenant et jusqu'où vous pouvez aller dans le mal et ne pouvez parvenir facilement au bien…

*****

Le pouvoir tourne, le monde change, la folie gagne le monde et la peur les esprits, mais mon continent est béni. Je le sais, je le crois fort et dur comme fer. Il est l'héritier de la grande histoire du monde. Il a su en extirper les leçons d'amour et de tolérance. Nous avons longtemps vécu dans la peine pour connaître la valeur de la paix et du bonheur. Des années de sommeil nous ont également permis de réapprendre à penser le monde autrement, à comprendre le vrai sens de l'histoire par notre conscience ouverte. Mon continent est la chaleur nécessaire au monde. Ô combien sera l'influence de mon continent en ces jours de réveil s'accomplissant dans le tournoiement des eaux ! La désillusion sera grande, de ceux qui lui refusèrent jadis un peu d'air et un bout de pain. Ceux qui ne veulent reconnaître que leurs politiques chez nous ont échoué, que même la banque mondiale ne pourra modeler nos économies à sa guise. Aussi que le Fonds Monétaire International ne pourra diriger nos régimes à sa convenance. Toute politique d'asservissement, de dévaluation monétaire et de l'humain, de destruction systématique des autres sociétés, d'établissement de guerres à l'aveugle ou ciblé commencent à buter sur des résistances. De même que celle de ventes d'armes et d'allaitement milicienne, d'escroqueries intellectuelles, d'encouragement à la fuite de capitaux, de frein aux économies concurrentes, de désorganisation gouvernementale, de désorientation culturelle, de dénigrement et de criminalisation par narratif hégémoniste. Que dire de celle d'acculturation forcée d'autres peuples, ont échoué comme celle de démocratisation creuse implantée avec un piège : le multipartisme qui utilise l'opposition comme déstabilisatrice de la paix. Une opposition et un gouvernement que vous voulez à votre solde comme un fil bleu et un fil rouge utilisables aux détonateurs logés chez vous, et dont la bombe explosive, c'est la masse ignorante.

Mais votre machine de meurtre et de suprématisme n'est même pas tombée en panne, elle n'a pas subi un court-circuit, l'on ne peut pas qualifier cela de choc, car le mot est encore assez faible. Oui, faible pour décrire votre décrépitude. Il a implosé. Encore un mot pas assez fort pour dire votre disgrâce.

Voici que mon continent s'agrandit outre-mer. Dans son sommeil, il a su remplacer ses hommes et ses cerveaux. Les nouveaux revendiquent leur droit de vivre, d'être là, libres et heureux, et savent dire non. Le NON de la matrice aux nations belliqueuses de ce monde. Vous vous dites que la langue serait votre issue, pourtant là aussi, nous sommes présents. Nous ne refusons pas une telle idée, même pas celle de votre culture enrichissant la nôtre. N'est-ce pas pour cela que nous traversons les mers et échouons dans vos ports ? Nous embrassons vos villes pour justement apprendre un français tel quel ou un Anglais british ou de l'américain. Nous rêvons d'avoir un peu plus dans notre pot culturel de vos cultures qui ont du mal à s'implanter malgré tout chez nous ? S'il vous plaît, aidez-nous à mieux vous être sinon nous ne parviendrons jamais à devenir comme vous. Notre continent a du génie à africaniser les langues étrangères, à les patoiser jusque dans l'âme de l'expression même, dans le ton et l'accent. Patries mères, regardez la horde de vos langues impérialistes béer et bâiller, être atteinte de négritude. Entendez-vous dans vos villes siffler les balles de ces tirepartout de la nouvelle Afrique ? Ils viennent jusque dans vos bras humilier vos races et vos langues, égorgez vos tons et vos accents. Un sang impur abreuve la franco famille et vivifie l'anglo famille. Vos langues seraient-elles malades ? Sont-elles atteintes d'athérome ? Choisissent-elles la solution de l'infarctus de myocarde ? Non, ni la culture ne vous sauvera et votre triomphe n'aura jamais son jour de gloire. Faut-il que ce soit un autre peuple de rappeler aux occidentaux leur passé esclavagiste et colonialiste ? De soigner son insuffisance aortique ? Et que dire de leur présent fasciste ?

Oh âme cite-toi rien et accepte la remontée des eaux. Ton canular n'a duré que le temps nécessaire à mon peuple de se régénérer. Aujourd'hui, il en est né un esprit que ni vous ni vos pères n'ont jamais connu, qui fait votre disgrâce à partir d'une graine survivante dont les cris et les actes ont su s'imposer dans l'arène géopolitique. Votre disgrâce vient d'une sélection naturelle opérée dans la vie  de la matrice, durant tout le long de votre orgueil sur elle, à partir de l'Africain humilié, frustré par les effets du néocolonialisme, les divisions et dans son statut de dominé et d'écartelé. Mais également à partir de l'Africain intelligent, fort et riche culturellement, une sélection qui a su abandonner tous les complexes et tous les préjugés, qui a su mettre de côté le discours colonial, faire abstraction du narratif occidental sur son destin et faire fi des considérations ethno-tribales qu'ils pensaient à jamais incrustées en son esprit et encore plus dans sa conscience individuelle et collective de façon agissante, ce fourre-tout faux et purement idéologique.

La sélection naturelle a réformé l'Africain dans son essence, dans ce qu'il est vraiment. Il sait à présent ce qu'il est et ce qu'il ne voudrait plus être, ce qu'il ne peut pas être et ce qu'il ne voudrait plus être. Pendant que les médiocres étaient devenus les marionnettes et les faibles les pions, l'essence de l'Africain n'a pas été anéantie ni même été empoisonnée. Au contraire, elle s'est enrichie du monde moderne et de son histoire, a travaillé sous une impulsion latente, se conservant et s'autorestructurant à chaque occasion. Aujourd'hui, elle permet à l'Afrique de prendre clairement position pour son propre intérêt, de ne défier, de ne haïr aucune race, mais de prendre juste sa place autour de la table des continents. Avec le seul objectif que celui d'imposer la nouvelle Afrique unie, prospère et apaisée.

*****

Après cette allocution devant les Nations, le nouvel Africain parla à son peuple. Ce peuple pour lequel il jure être la bouche, les yeux et les oreilles, la peau et le nez, pour lequel son cœur bat chaque jour et sa conscience ouverte s'inquiète à chaque instant. Sous l'arbre à palabre.

Ils se sont réunis sous le seul arbre du territoire africain resté miraculeusement debout malgré la folie meurtrière occidentale. À l'aube de l'ouverture des écluses du 3ᵉ Millénaire, il s'adressa à son peuple, à ses parents se passant la kola cassée comme au temps des ancêtres.

Peuples africains, nos efforts commencent à montrer ses fruits pour notre bonheur et notre prospérité. Les mirages du colonisateur ont fait flop. Il a lamentablement échoué à apporter le bonheur et la quiétude promise au monde. Parce qu'il n'avait pas de qualités requises pour cela. Il perd de la vitesse dans une mission auto saisie qu'il ne peut remplir, une responsabilité qui le dépasse. En effet, le colonisateur n'a été qu'un magicien, un prestidigitateur qui n'a vécu jusqu'ici qu'au détriment de nos parents crédules et un peu trop naïfs. Une hyène a profité de son apparence pour faire peur et se nourrir dans la bergerie. Cependant, il sait lui-même que ce temps est révolu, que sa race et sa ruse ne lui donnent plus de crédit auprès d'aucune autre race pour refaire ce coup. Il sait son soir arrivé, l'heure de sa disette, malgré qu'il continue à s'agripper de mauvaise foi aux apparences fallacieuses. Son discours révèle chaque jour son souci de continuer de faire de notre continent la prairie de son bonheur et de sa survie. Pour ce plaisantin, nous devons continuer à être la décharge, le dépotoir de leurs brocantes et le champ d'expérimentation nucléaire et technologique, un réservoir, un puits et sa mamelle nourricière.

Alors voici le défi : nous devons imposer l'Afrique dans ce combat. À tout prix gagner pour continuer à exister en tant que nation forte et prospère dans ce 3ᵉ Millénaire qui nous interpelle à plus d'une échelle. Acceptons d'y entrer dans la douleur et dans le péril que nous-mêmes avons choisi parce qu'à la longue salutaire. Aussi faisons-nous disparaître chaque jour tous les archétypes mentaux occidentaux, rejetons-nous son narratif hégémoniste détectons-nous et refusons-nous ses canaux de dépendance et d'asservissement. La prise en charge de notre jeunesse à qui nous donnons à présent tous les moyens possibles et nécessaires pour résister à l'envahisseur et à l'infantilisation reste une question prioritaire.

Notre jeunesse doit être un commando formé uniquement pour cette tâche supérieure. Nous allons continuer à créer des systèmes éducatifs selon nos intérêts et notre idéal de société, en sachant faire le tri dans la littérature des autres peuples de la terre pour notre cause. Nous le ferons puisant dans la nôtre, des auteurs et sujets présentant nos vies sous leurs coutures positives. Ainsi que nos cultures, sociétés et civilisation avec des solutions d'unification à travers et dans le panafricanisme de Marcus Garvey, Kwamè Nkrumah et Haïlé Sélassié 1er.

L'Afrique nouvelle crée de nouveaux besoins. À tous les niveaux l'enseignement servira à créer de nouveaux hommes et femmes intellectuellement capables d'asseoir un peu plus chaque jour la position du continent parmi les nations. L'éducation et l'instruction doivent y être positives, chirurgicales, réparatrices et innovantes ; la moralisation ferme et effective ; des valeurs morales africaines beaucoup plus suivies. Mais également, les sciences et la technologie sont primordiales. Les principes de nos cultures ancestrales imposent le respect et fondent notre unité. J'insiste sur la jeunesse dans la formation de ce Nouvel Africain, car il est la première donnée stratégique de la réussite de notre société et civilisation à prendre en compte. Ils le savent et veulent nous voir peu, sans enfants et stériles. Ils préfèrent laisser mourir les affamés pour des « aides » gratuites en vaccins. Non, notre jeunesse n'est pas souillée par des discours coloniaux ayant fait de nos aînés de « bons » nègres, des suiveurs emplis de mimétisme, mais de simples suiveurs d'un maître à l'idéologie fasciste et nazie.

Le Nouvel Africain n'est ni fil bleu ni fil rouge d'un détonateur occidental, mais un vrai décideur sachant agir à temps opportun. C'est par une réelle volonté politique que nous coupons les ponts avec leurs idéologies dès ce jour, que nous mettons les bâtons dans les roues de ces sorciers et prestidigitateurs, grâce aussi aux politiques d'éducation réalistes. Si nous suivons cette voie, alors la jeunesse, fer de lance de la nation, sera à jamais épargnée des affres du néo-colonisateur. Des agissements sur la scène internationale et des actions perverses ont étonné en premier une partie de son propre monde à lui.

Taire les bruits de bottes chez nous est un défi domptable. Chaque homme politique, économiste, financier, éducateur, homme d'État, homme de gouvernement, homme de médias, personnalité publique, doit se poser la question de la place de la Matrice dans ce nouveau siècle afin que les Africains vivent en paix et heureux sur terre. Également de la contribution à laisser aux descendants pour avoir l'âme et l'esprit en paix au moment de la traversée vers nos ancêtres. Aider de quelques manières que ce soit le peuple et les frères à sortir de la souffrance et des peines. D'avoir donné de son mieux, à la dimension de son pouvoir et de son avoir dans l'établissement d'un continent crédible et affirmé aux yeux de l'Africain d'abord et du monde entier ensuite.

Inquiétons les consciences, amenons le monde aux questionnements, affichons des banques de réponses et d'actions positives, puisons en nous et cessons de croire que la contraception ou le planning familial sont des issues. Ils pensent nous « imbécilité ». Ceci est une fuite en avant, une fuite intellectuelle de responsabilité et le refus d'analyser profondément la mutation du monde. Chez nous, l'on meurt de guerres, de mauvaises gestions des économies nationales, de mal distribution des richesses collectives, de l'exercice médiocre des responsabilités publiques. Également, d'abus de pouvoir, d'intellectualisme abusif, de réactions géopolitiques timides, de manipulations, de propagandes, du refus de partager, de divisions et d'émiettement des régions. Sans oublier du refus de dialoguer, de démocratie dictatoriale et de présidentialisme accentué, du délaissement de nos cultures et de nos royaumes. Du pourrissement politique et social… De politiques éducatives désuètes et de formations éducatives pro-occidentalistes, de néo-panafricanisme dangereux, d'actes manqués, de cris sans son, du manque de repères et d'absence de miroir.

L'éducation et la culture ont été mal orientées depuis le jour où l'Africain a su lire, écrire et compter en employant l'écriture de l'autre au détriment de la sienne. Il a été assis sur une lecture qui n'est non plus sienne. Au moins pour cela, faisons-nous bien de repenser notre monde et nos chemins afin de faire définitivement tomber cet afro-pessimisme dépassé.

Oui Mesdames et Messieurs qui prétendez aimer tant l'Afrique, le nombre ne tue pas chez nous, les bras ne conjurent pas le mauvais sort. Il suffit d'une volonté politique réelle de faire de l'Afrique un géant dans le concert des nations, une voie de veto autour de la table des continents et un climat sain et panafricaniste pour rendre moins sombre le futur des enfants de la grande mutante.

Sur trois plans ils pensent nous tenir, mais c'est à tort : la culture par beaucoup plus leurs moyens de l'imposer chez nous, la défense par le terrorisme chez nous et la communication par un narratif contreproductif pour eux-mêmes, mais le cours du temps nous est pourtant très favorable. La géopolitique internationale depuis quelques années a changé de visage. La Chine est devenue la première puissance économique et la 3$^e$ militaire sur terre, la Russie la seconde puissance militaire et dans le top 5 des économies du globe. Les BRICS ont fait leur apparition bousculant de loin les États européens chez la Matrice et dans les classements des puissances du monde. Le ciel et les astres alignés nous prédisent le temps de la Matrice.

Par la culture, ils se sont assis dans nos consciences, sachant pertinemment que par celle-ci, ils parviendront à passer pour les plus beaux de la terre. Mais aussi les plus forts et les plus développés. Les livres de leurs auteurs dans nos écoles, les films de leurs acteurs dans nos salles de cinéma, leurs bouquets seraient les seuls dans nos espaces télévisuels. Il n'y a que de leurs narratifs que nos peuples allaient éternellement s'abreuver. C'était sans compter sur la ténacité de quelques-uns à renverser le discours et les stèles coloniaux. Cette guerre est perdue par eux. Après des années de lutte pour contrer cette réalité, nous sommes en train de gagner. Rares sont les jeunes qui regardent encore ce jour un fils français ou américain, ou qui récitent un livre venu d'ailleurs. Nous en produisant en masse par nous-mêmes. Les voix s'élèvent même au sein des populations pour l'interdiction définitive de leurs médias mensonges. Nous avons très bien compris leur rôle de sabotage de nos institutions et d'incitation à la haine contre nos dirigeants, voir dans le conditionnement des chaos et des conflits à venir. Ils ont également de politiques claires dans le recrutement des cerveaux : politiques de visa, d'immigration choisie, de nationalisation, de parrainage. Sans oublier le financement des ONG, des centres culturels, des films et documentaires, etc. Et cela va encore plus loin avec l'arrivée du WEB civil et le Dark Web.

Parlant de la défense, sûrement, ils se sont attendus à voir les gouvernements du continent noir à genoux devant les leurs. Ils les voulaient suppliant pour la protection de leurs États, plus de 60 ans après les indépendances. Ils ne se sont pas contentés d'essaimer des bases militaires partout sur le continent depuis la fin de la dernière grande guerre mondiale. Mais il a fallu partout créer des groupes terroristes pour pousser les populations à réclamer leur retour ou leur maintien. Nous ne les avons pas appelés en sauveurs, parce qu'ayant vite compris qu'ils sont nos ennemis, les maîtres de ces terroristes jouant aux pompiers pyromanes. Nous ne sommes cependant qu'au début de la décrue chez eux. Avec des vannes qui se referment de plus en plus vite et la vache à lait qui cesse de laisser partir son lait pour le bonheur des autres au détriment de ses propres enfants, que reste-t-il à un parasite ? La violence.

Lorsque les ressources minières et toutes les matières premières ne bougent plus sans passer par la case comptabilité commerciale obligatoire, semer la terreur reste la seule possibilité, ici comme chez eux.

En ce qui concerne la communication, elle parraine les deux premiers éléments. Rien de ce qui se fait ne se fait sans elle. La communication prépare l'opinion internationale, elle adoucit les consciences ou pousse à la rébellion, elle fait adhérer aux coups bas des marionnettistes. Les Nations fortes autour de la table des nations ne jurent que par elle pour justifier leurs guerres et leurs prédations partout dans le monde. Elle est devenue une des armes principales des guerres modernes : hybrides, communicationnelles, médiatiques, cognitives, etc. C'est pourquoi personne n'est dupe de ce qui se passe dans les réseaux sociaux depuis quelques années. Les États occidentaux et de l'Asie ont créé des unités entières, armées jusqu'aux doigts dans le WEB. Ces nouvelles armées à la solde des États déstabilisent les camps ennemis et protègent leurs territoires.

# DE NOS JOURS

La nouvelle classe naissante du continent africain pensait bien accentuer l'Afrophobie, inquiéter par sa réussite, asseoir l'afro-optimisme dans le mental des humains par les solutions qu'elle trouve et les choix qu'elle opère. Elle affirme ne rien devoir ni au colonisateur ni à sa métropole. Elle jette au feu l'influence de la période néocoloniale. Elle rejette tout pessimisme qui déjà présente son drapeau en berne dans sa vie, mais dresse plutôt au vent celui de l'Afrophobie qui révèle l'Occidentalo-pessimisme aux visages qui se veulent faussement sereins.

Cette voix qui à présent inquiète les consciences nous confirme la fin de l'hégémonie occidentale. Dans sa marche vers la civilisation de l'Universel, l'Occidentalocentriste pensait sortir victorieux en opposant au vrai rendez-vous de donner et de recevoir sa mondialisation. Et contre la possibilité pour chaque culture, chaque civilisation de s'enrichir et de s'améliorer, il offre l'hégémonie de sa civilisation, le gouvernement du monde. En réponse à la révolte intellectuelle, sociale et culturelle des autres peuples, il amorce plutôt une tentative de recolonisation des territoires par plusieurs nouvelles voies et la déstabilisation des sociétés dans tous ses aspects.

Pour leur retour chez la Mutante, les étrangers imposent la violence armée sous le masque du terrorisme et de la barbarie économique. Pour sauver leur vie, ils pensent tuer le nombre en créant des famines et des pandémies. Pour faire de leur culture la seule qui prime, ils pervertissent ses médias et les jettent dans la guerre cognitive. Alors les fils de la Mutante ont compris la mission de leur génération, jurant qu'il pleuve sur eux ou que le soleil brûle encore plus leur peau, le défi est d'exister. Ils sont les héritiers de cette terre. Ils juraient en plus de se battre pour un nouvel ordre mondial qui reconnaît leur vraie place dans ce monde.

*****

Dans son exercice de vendre aux enfants de la Matrice la nouvelle Françafrique le 11 juillet 2019, le Président français a réuni des Français(es) d'origine africaine et de race noire. Son équipe et lui avaient bien sélectionné les profils, pour un échange sur la future relation de son pays avec la puissance mondiale montante qu'est l'Afrique. Il les a appelés « La diaspora africaine en France ». Ce qui n'a pas été bien perçu sur le continent noir, d'autant plus que cette diaspora ne paie pas les impôts en Afrique. Leurs réussites sont des réussites de Français malgré la trompeuse fierté qui émoustille parfois leurs frères du continent d'origine. Les questions enregistrées d'avance dans leur smartphone n'étaient pas celles que notre diaspora africaine aurait posées si elle y avait été conviée.

Beaucoup n'ont même pas une seule entreprise dans leur pays d'origine. Ils sont intellectuels, artistes, hommes et femmes d'affaires, la fierté de la race noire pour certains, la honte de la lutte pour la libération des peuples noirs pour d'autres. Mais rien n'a échappé aux Africains du continent qu'au-delà de cette appartenance originelle qui les lie à ceux-là, c'est à l'ancien colon que revient le fruit des efforts de leurs frères au quotidien. Et ceci à juste titre : ils sont tous Français, d'origine africaine.

Une belle enseigne de communication en somme pour les intérêts du colon qui continue à ne pas voir qu'en face, il y a du répondant.

*****

Le Nouvel Africain avait son opinion dessus. Dans la suite de son adresse à son peuple, il était très réaliste.

Ceux qui sont de notre diaspora, faisait-il comprendre à tous sous cet arbre à palabres, vivent hors du continent aussi, mais investissent massivement pour le bien des peuples vivants sur la terre de leurs ancêtres. La véritable diaspora de la Matrice paye ses impôts aussi chez elle à travers des réalisations. Elle y construit les écoles, y bâti des maisons, finance des projets de développement, renvoie leurs enfants en vacances au pays, et ne s'arrêtent pas au seul envoi d'argent à la famille. Cette diaspora a compris que lutter pour être appelé « Monsieur X » approuvé par l'étranger reste un faux combat. Le seul qui vaille la peine est celui du développement du continent. Non plus celui de faire des choses en Europe pour paraitre évolué, mais de les faire en Afrique afin de parvenir un jour, comme les Chinois, à faire cesser l'insulte du « rire jaune » dans le monde. Ils ont tout simplement développé leur Chine natale.

De ces 400 individus invités, certains n'ont pas cure de ce qui se passe en Afrique. Leur situation en France est prioritaire. À l'exemple de Eisa, Ornella et Brandy, des étudiants nés en France pour qui « *c'est ce qui se passe en France qui nous intéresse vraiment. Les questions du commerce avec l'Afrique, du Franc CFA, de la souveraineté ne nous touchent pas directement. Ce que l'on veut, c'est que l'on trouve des solutions à la discrimination qui nous touche au quotidien* ».

Alors que des stratèges occidentaux pensent continuer à jouer sur l'appartenance raciale pour injecter chez nous, à coup de milliards, des pions acquis, volontairement ou non, à leur cause, ils savent que ce tour de passe-passe ne mord plus. L'Occident aura beau donner des moyens financiers, des épaules politiques et des garanties claires obscures à ceux qu'il a promis « le destin de l'Afrique entre leurs mains », notre continent se fera loin de leurs attentes. C'est fini cette histoire du père noël chez les anciennes colonies, voire celle de « Tintin au Congo ».

Les États-Unis ont ses « Young leaders », des citoyens américains issus d'autres États, qui sont formés pour être avec l'appui des Américains des leaders de demain de leur État d'origine. Ils sont formatés à la vision américaine du monde, forgés en l'idée de prendre le pouvoir politique et économique dans leur pays de provenance dans l'intérêt des Américains. Ainsi, Paris, vassal de New York DC, semble lui emboiter le pas.

Seulement, à présent, des millions d'Afro-descendants savent que leur avenir est en Afrique, et non pas en occident. Ils savent qu'au-delà d'une nationalité qui se perd et se gagne, au-delà des opportunités, il y a le cordon ombilical. Ils savent aussi que le pays d'accueil sait bien te rappeler où tu viens à chaque fois que son intérêt est en jeu.

Tous les Africains, tous les noirs du monde, doivent savoir que leur avenir est chez la Matrice. Qu'ils soient en Europe, aux Amériques, en Asie, en Australie, partout dans le monde, être noirs leur suffit. Le jour où nous, noirs, auront fait de l'Afrique une puissance politique, économique, financière, le regard des autres nations changera à notre égard et envers notre race. Il y a quelques décennies, personne ne voulait apprendre le mandarin. Aujourd'hui, on se met en rang pour y aller, espérant y trouver une place. Qu'est-ce qui a changé ? Rien. Ce qui a changé est ailleurs. La Chine est devenue une puissance.

Plus que jamais, la Matrice est devenue géopolitique et géostratégique. La Russie et la France s'y livrent une bataille de positionnement. Des alliés des deux camps et de tous les continents se croient dans le Far West dans cette ruée vers l'hymen. Un remake de la guerre froide chez les non-alignés qui sera beaucoup plus violente avec la décrue dans les régions occidentales.

Il est vrai que les étrangers n'ont plus jamais quitté notre terre depuis la première guerre mondiale. Après la défaite des Allemands en 1918, ils s'y sont installés, chacun avec sa part de butin obtenu à Yalta. Les Américains ont fait tourner la planche à billets sous le Plan Marshall. Il fallait reconstruire la vie de leurs frères de la même race après la seconde guerre mondiale. Ce qui n'a pas été le cas pour les autres alliés : les pays noirs d'Afrique tirailleurs dans cette guerre. Puisque les pays moins blancs ou plutôt « beurre » d'Afrique ont eu le traitement à même de les hisser un peu au-dessus des pays sub-sahariens, moins la république Sud-Africaine qui a même eu droit à la bombe atomique.

Ce qui se joue dans nos entrailles, c'est aussi l'avenir du monde. La guerre Russie – France qui s'y passe en est l'échantillon. L'arrivée à visage découvert des Américains chez les peuples à la peau d'ébène en dit long. Les matières stratégiques sont la base de cet affrontement qui touche à tous les pans importants de la vie d'une nation : économique avec les matières premières, géopolitique pour le positionnement comme puissance et même idéologique pour l'avenir du monde. L'Europe a un sous-sol pauvre en matières premières stratégiques. Elle n'en a presque pas ou pas du tout. Il se dit que depuis sa sortie du risque de la colonisation allemande, la majorité de ses États ne vit qu'au crochet des anciennes colonies d'Afrique.

Au moment de la décolonisation, à quelques heures des indépendances, les États impérialistes ont eu le mauvais ou le « bon » génie de faire signer aux anciennes colonies des clauses restrictives de souveraineté. On parle des accords de partenariat économiques, de coopération militaire et des accords secrets passés entre un tutélaire et son protégé mineur.

Dans ces accords économiques, militaires, diplomatiques, monétaires et culturels, des États tels que la France ou la Belgique devenaient sans honte les propriétaires de gigantesques régions de la Matrice. De son sol, son sous-sol, ses mers, son ciel. Bref, de la terre des pays que le monde a pourtant reconnu la souveraineté sous l'arbre à palabres des nations. C'est ainsi qu'épaisse des accords contre l'intérêt des territoires de son pré-carré, le pays des Gaulois a pu s'asseoir sur la table des nations pour décider au milieu de grandes puissances pendant plus de 70 ans. Seulement, cette soi dite puissance est à présent contestée, depuis que son influence en prend un grand coup dans ses anciennes colonies.

*****

La guerre froide est une guerre d'influence, de domination et économique. D'un côté les États-Unis d'Amérique et ses satellites américains, européens, asiatiques et africains. De l'autre, l'URSS avec les siens dans ces mêmes continents. Elle était froide, car les meurtres étaient masqués, les crimes tus et les actes de barbouzes sans promotion. Une fois l'URSS éclatée, le monde est devenu unipolaire avec les États-Unis assis seuls au trône. Mais tout a changé avec l'arrivée du Président Vladimir Poutine. L'ancien du KGB du temps de l'URSS n'a pas digéré la défaite et le démembrement de son vaste État. Il s'est octroyé la lourde charge de redonner à son pays le rang de puissance militaire, comme du temps de cette URSS démembrée alors qu'il était Directeur des services secrets.

Or la Russie démontre avec les événements en Ukraine, qu'elle a baptisés « Opération spéciale », ne plus être économiquement une naine devant les Américains et la Chine en 2024. Aucun pays d'Europe ne peut la rivaliser militairement, démographiquement, économiquement et géographiquement. Son retour officiel chez la Matrice est guidé par le marché de plus d'un milliard et demi de consommateurs, ayant une projection à 4,5 milliards en 2050. En plus, du fait que ce soit le moyen et le lieu indiqué de contrer géopolitiquement les Occidentaux, en augmentant l'épaisseur de son influence dans le monde. Elle est à ce jour, la seconde puissance militaire, après les États-Unis. Et pour certains la première de fait.

Quant à la Mère de l'Humanité, elle est incontestablement le plus vaste continent, le plus vaste marché au monde avec sa Zone de Libre-Échange Continental (ZLECA) regroupant plus de 50 pays de la Matrice. Elle a les plus grandes réserves d'eau douce au monde, la faune et la flore la plus variée et le soleil le plus permanent qu'il soit. Il est le plus jeune des continents avec 70 % de ses enfants ayant moins de 30 ans. Sa pluviométrie bien constante, en fait le seul continent au monde où l'on fait quatre récoltes par an. C'est aussi là où se retrouvent les plus grandes quantités et en qualités variées, des terres rares les plus recherchées par la technologie moderne. Que dire de ses énormes possibilités traditionnelles à guérir ses fils et filles grâce à sa pharmacopée ? Bref, c'est le continent de tous les superlatifs. La terre où coulent « *le miel des champs et le lait en abondance* », contrairement aux discours afro pessimistes. Ses fils que nous sommes en font chaque jour une joueuse, la capitaine du futur du monde naissant d'un nouvel ordre mondial à venir. Que ce soit face à la Russie, la Chine, les Européens, Américains et Asiatiques, La Matrice reste la MATRICE. Elle sait que son devoir est de sauver le monde de ses peurs et turpitudes.

La vie politique moderne des États africains enseigne qu'à présent les combats se gagnent au moyen de la géostratégie des concepts. Qui maîtrise les concepts domine le monde. Combien de temps encore certains Africains perdront-ils le nord du vrai combat ? La vie politique se passe au sein même de la géostratégie des concepts. Ce continent a longtemps été le tube à essai des géopoliticiens occidentaux. Ceux-ci s'en servent comme d'un terrain de test des concepts politiques qu'ils sont les seuls à maîtriser.

En effet, il sera jusqu'à ce jour difficile à un enfant de la Matrice de vous expliquer clairement ce qu'il y a dans des mots tels que démocratie, alternance, multipartisme. Qu'est-ce que la vérité des urnes, la volonté du peuple, la globalisation, la mondialisation, la bonne gouvernance, etc. ? Les agissements sur le terrain de tous ces donneurs de leçons sont très loin de ce qu'ils lui ont appris ces vingt dernières années.

À chaque fois, l'Africain doit se méfier des demandes de ceux qui accouchent de ces concepts sur son sol. Les Occidentaux sont prompts à se battre à griffes et à dents longues pour que les États d'un continent qui n'est point le leur, adoptent ces modes de gouvernance qu'ils foulent aux pieds au gré de leurs intérêts. Ils sont dans la géostratégie des concepts. Chaque peuple sait pourtant s'autogérer depuis des millénaires.

Un constat érigé en constance se dégage cependant : la pression est toujours énorme sur jeunes et vieux dirigeants qui refusent leur diktat économique, social, politique et sur d'autres comportements de la gestion de la société. Pourquoi ? Tout simplement parce que certains pays dits puissants ont pris le parti d'utiliser ces concepts comme de nouvelles armes de contrôle, de déstabilisation et d'exploitation des peuples et des États. Et les victimes sont toujours les masses qui continuent naïvement à croire que l'on va se développer en important des concepts de gouvernance et de répartition de la justice sociale. À présent, on sait qu'on ne peut développer un pays tiers par ingérence dans ses affaires, voire dans ses prérogatives souveraines, fussent-ils une ancienne colonie. Cette géostratégie des concepts, on doit la maîtriser pour la combattre. La combattre, ce n'est pas avec les armes et des discours creux, mais avec l'éducation des masses, la conscientisation politique sur des enjeux géostratégiques modernes. Le peuple ne « périt » que par « manque de connaissances ».

*****

La maîtrise de la forte pression géopolitique ne peut être contenue que par ceux qui ont fait affaire avec les loups et qui comprennent très exactement leur nature. Peu importe l'âge, il faut juste être aguerri et bien entouré. Cette force de l'expérience est toutefois aussi acquise avec la durée dans les arcanes du pouvoir, au gouvernement ou au sommet de l'État. Et c'est ici qu'intervient une arme de la géostratégie des concepts qu'est « l'alternance au pouvoir ».

Après avoir fait le tour de leurs concepts dits de modernisation de la société, l'Afrique semble arriver à saturation et non à maturation comme ils espéraient. Ce gros tube à essai a connu le temps des partis uniques, des multipartismes, de la démocratie occidentale, du retour au multipartisme. Des concepts tous commandés depuis chez le violeur. La violée a traversé le temps de la limitation des mandats à gauche et s'est perdue dans celui du verrou qui sautait à droite. On peut citer depuis quelque temps les concepts équilibristes de la longévité au pouvoir, de l'alternance, et de jeunes dirigeants européens à prendre en exemple contre les « dinosaures ». Le besoin présent des occidentaux à ne plus avoir à faire avec des dirigeants avec une longévité au pouvoir du continent vient de leur incapacité à manipuler les sages du continent noir. Et c'est dans ce point exactement que se retrouve leur besoin d'influence. En effet, sur la longévité au pouvoir, il est à noter que plus un chef de nos États met long aux commandes, plus il finit par prendre conscience de l'arnaque qui s'est faite sur les richesses de son peuple.   Même s'il y a été placé par les réseaux qui mettent et démettent les puissants de ce monde contre les intérêts de leur peuple, le temps finit par leur offrir une occasion de se retourner contre les parrains d'hier. Pourquoi pas un dernier sursaut d'orgueil ? D'où la naissance du concept des jeunes présidents qui montent en courant les marches d'un avion.

Cette prise de conscience tôt ou tardive pousse les dirigeants du continent dans la nécessité de la diversification des partenaires : militaires, commerciaux, financiers, et en conseils stratégiques. Le seul moyen de défendre son peuple serait de susciter la neutralisation naturelle des puissances entre elles par intérêts rivaux.

Nous entrons ainsi de plain-pied dans la géostratégie bien maîtrisée des Nouveaux Africains.

À présent, il faut éduquer les Africains à se méfier des concepts que pondent ces sociétés dites puissantes. Elles utilisent la géostratégie des concepts pour déstabiliser les autres mondes. Elles érigent du jour au lendemain, au gré de leurs intérêts, ces concepts en mode de gouvernance. Il faut leur dire que le seul modus operandi de l'occident depuis la nuit des temps est la violence sur toutes ses formes. Mais aussi, qu'il ne faut jamais embrasser un moindre élément du monde occidental sans un bouton rouge allumé dans son cerveau. Il y eu un jour et une nuit.

# CONCLUSION

Comment comprendre la fin de l'abondance visible depuis une décennie déjà en Europe ? Ce continent est de plus en plus pauvre, isolé et affaibli par des précédentes géopolitiques créées par ses ressortissants au cours de ses échanges avec les autres États du monde. Et plus particulièrement contre l'Afrique dont l'émergence n'est plus à nier. Le continent noir se réveille et devient conscient des enjeux de puissance. La protection accrue de ses ressources naturelles oblige des États qui en avaient gratuitement de vivre à leur niveau réel. Il a fallu la crise franco-malienne et la crise russo-ukrainienne pour clarifier les situations macroéconomiques dans le monde. La fin de l'abondance est aussi le rationnement de l'énergie dans les entreprises et les ménages dans toute l'Europe. La flambée du prix du gaz avec la perte du gaz russe, la faim avec la diminution du pouvoir d'achat et l'inflation galopante, le froid, le transport massif et le covoiturage à la place des véhicules individuels. Ce sont les villes sans lumière la nuit. Bref, la raison des sorties des Gilets jaunes. L'esprit d'analyse comprend bien vite le lien entre la dégradation de la situation sociale en Europe et la demande au retour des méthodes Foccart contre les Africains devenus réticents à « commercer » avec les Occidentaux tant que ces derniers sont contre les contrats gagnant-gagnant.

Devrons-nous rappeler ici que les Gilets jaunes ont été dans la rue pour protester contre la vie chère ? Que non ! Avec des citoyens des régions non habituées à la privation, attendons-nous à beaucoup de violences entre Européens dans de petits meurtres entre voisins, mais surtout contre l'Afrique et les Africains. Leurs dirigeants parlent d'agressivité et demandent à leurs plénipotentiaires dans les États de la Matrice de revenir aux meurtres des leaders de la lutte panafricaine, aux complots contre le développement pour avoir la main basse sur nos richesses, à la force brutale. Pour rappel chers frères et sœurs, des milliers de nos chefs traditionnels et chefs d'État ou chefs de gouvernement ont été tués par ces derniers depuis leur arrivée chez nous. La Matrice a beaucoup appris de son passé, de ses échecs, de ses larmes et de la perversité du camp d'en face. Elle a de la mémoire car elle est la mémoire de ce monde. Elle sait pourquoi elle a été vaincue à la rencontre avec l'autre. Son réveil est au-dessus des espérances des leaders des mouvements panafricanistes et brutal pour les positions occidentales. Elle est au même niveau d'intelligence et de savoir-faire que celles de tous les autres continents, décomplexée. Elle en veut pour le prix de sa liberté. Elle est consciente que l'Occident va employer les tirailleurs des temps modernes, des barbouzes et légionnaires, des terroristes, des « fingons », des « peau noire, masques blancs » pour faire le sale boulot contre sa souveraineté et son développement. Mais soyez sereins car le ciel, la terre, les astres, les quatre vents et l'univers tout entier œuvrent ensemble à présent pour la réussite de notre combat. Nous sommes les héritiers de cette terre. L'Afrique d'hier, celle qui a plié l'échine devant l'étranger est morte. Elle n'est pas celle d'aujourd'hui. Nous avons quittés le temps de l'hymen à celui de la décrue, agissons à présent pour le temps de la Matrice.

# INFOLINE

Vous pouvez également obtenir ce livre en version numérique sur :
Amazon : ASIN :
PDF sur le site de l'auteur : https://www.saimondy.com/
Pour continuer la discussion avec l'auteur : saimondy@gmail.com

Simon Ngaka

105

Simon Ngaka

www.ingramcontent.com/pod-product-compliance
Lightning Source LLC
Chambersburg PA
CBHW050804250726
48653CB00006B/2072